Ein schöner Tag

RHEINGAU
&
RHEINHESSEN

111 Top Tipps für Touren

im Riesling- und Sonnenland

STEFANIE UND STEFAN ZOHM

idee media
NEUWIED/RHEIN
EDITION RATHSCHECK

IMPRESSUM

HERAUSGEBER: RATHSCHECK SCHIEFER UND DACH-SYSTEME KG
ANDREAS JÄGER, FRANK RUMMEL

PROJEKTLEITUNG: Uwe Schöllkopf

REDAKTION: Barbara Schöllkopf, Uwe Schöllkopf

VERLAG: **idee** media, Karbachstr. 22, 56567 Neuwied
Telefon 02631/9996-0 Telefax 02631/9996-55
E-Mail: info@idee-media.de, Internet: www.ideemediashop.de,
www.einschoenertag.com

AUTOREN: Stefanie und Stefan Zohm

GESTALTUNG/DTP/PRODUKTION:
Spiridon Giannakis, Simone Hammes, Lena Kaufmann

Alle Angaben wurden nach bestem Wissen recherchiert und sorgfältig überprüft. Sollten sich dennoch Fehler eingeschlichen haben, bitten wir um Entschuldigung und Benachrichtigung. Für Fehler übernimmt der Verlag keine Haftung. Aktualisierungen und Ergänzungen finden Sie im Internet unter **www.einschoenertag.com**

Ausgabe 2012/2013 © Die Idee, Büro für Kommunikation, Neuwied, im Auftrag von edition rathscheck

Die Deutsche Bibliothek verzeichnet diese Publikation in der Deutschen Nationalbibliografie; detaillierte bibliografische Daten sind im Internet über http://dnb.ddb.de abrufbar. ISBN: 978-3-934342-21-7.
In der Serie „Ein schöner Tag" sind weiterhin erschienen: **Eifel 1** (Band 1), **Eifel 2** (Band 7), **Westerwald** (Band 3), **Mosel** (Band 4), **Hunsrück** (Band 5), **Taunus** (Band 6), **Pfalz** (Band 8), **Rheintal 1 Welterbe** (Band 9).
Zu jedem Buch gibt es eine separate Freizeitkarte.
Infos im Internet unter **www.einschoenertag.com, www.ideemediashop.de**

DIE ZEICHEN

⏱ Telefon

@ Internet/E-Mail

🗓 Datum/Öffnungszeiten

▶ Verweis

A5 Planquadrat in der separaten Freizeitkarte

KURZ ERKLÄRT

In den farbig unterlegten Kästen **KURZ ERKLÄRT** und **AUF EINEN BLICK** finden Sie im Buch Zusatzinformationen, Geschichtliches und Hintergründe.

Die Besten der Welt

Vom Rhein.
Von der großen
Völkermühle.
Von der Kelter Europas. ...
Da war ein römischer
Feldherr. ... Und dann
kam ein jüdischer
Gewürzhändler... Und
dann kam ein griechischer
Arzt dazu, oder ein
keltischer Legionär, ein
Graubündner Landsknecht,
ein schwedischer Reiter,
ein Soldat Napoleons,
ein desertierter Kosak, ein
Schwarzwälder Flößer, ein
wandernder Müllerbursch vom
Elsaß, ein dicker Schiffer aus Holland,
ein Magyar, ein Pandur, ein Offizier
aus Wien, ein französischer Schauspieler, ein
böhmischer Musikant, – das alles hat am Rhein gelebt.
... und – und der der Goethe, der kam aus demselben Topf,
und der Beethoven und der Gutenberg,
und der Matthias Grünewald und – ach was, schau im Lexikon nach.
Es waren die Besten, mein Lieber! Die Besten der Welt! Und warum? Weil
sich die Völker dort vermischt haben. Vermischt – wie die Wasser aus Quellen
und Bächen und Flüssen, damit sie zu einem großen, lebendigen Strom
zusammenrinnen.

Vom Rhein – das heißt: vom Abendland.

Aus „Des Teufels General" von Carl Zuckmayer

ENTDECKEN

▶ Seite 104

Bis in die Römerzeit reichen die ersten Spuren des Weinbaus in der Region. Vor allem Mönche haben die Weinbautradition begründet und Pionierarbeit geleistet. Noch heute findet man daher im Rheingau und in Rheinhessen Zeugnisse der reichen Vergangenheit wie das Zisterzienserkloster Eberbach über Eltville. Der Prachtbau spielte sogar in einem Film eine Hauptrolle. „Der Name der Rose" mit Sean Connery wurde hier gedreht.

Ein schöner Tag

E R L E B E N

Wer den Rheingau und Rheinhessen bereist, sollte seine Sinne öffnen, denn hier gibt es viel zu erleben – in der Natur oder in alten Gemäuern. Im Schloss Freudenberg in Wiesbaden-Dotzheim kann jeder seine Wahrnehmung testen – am Summstein, auf dem Barfußpfad, an der Wassersäule, an Klangschalen oder in der Dunkelbar. Wärmstens zu empfehlen für Kinder und Erwachsene. ▶ **Seite 56**

Ein schöner Tag

EINKEHREN

▶ Seite 129

8

Ein schöner Tag

Rheinhessen und der Rheingau gehören zu den bekanntesten Weinanbaugebieten Deutschlands. Und wo hervorragender Wein wächst, da wird traditionell auch Wert darauf gelegt, was auf den Teller kommt. Deshalb findet man hier rechts und links des Rheins alles, was das kulinarische Herz höherschlagen lässt: von der urigen Straußwirtschaft bis zum Nobelrestaurant.

2 Impressum
3 Vorwort
10 Inhalt

Trips & Touren

13 Trips & Touren

14 Eibingen Leben im Geiste Hildegards
14 Bingen Benediktinerin mit Kraft und Visionen
16 Rüdesheim Die berühmteste Gasse der Welt
16 Flörsheim-Lorch Im kleinen Land der großen Weine
18 Rheinhessen Offene Gartentüren
18 Eckelsheim Genießen mit allen Sinnen
20 Rheinhessen/Rheingau Schweben wie ein Vogel
20 Rüdesheim/Assmannshausen Zu Land, Luft und Wasser durchs Mittelrheintal
22 Mainz „Gud'n Aaamd!"
22 Mainz Hinter den Kulissen von Radio und Fernsehen
24 Kurz erklärt Der Rheingau

Rollen & Radeln

25 Rollen & Radeln

26 Bodenheim Radeln auf alten Trassen
26 Worms/Bingen Von den Nibelungen bis zum Mäuseturm
28 Worms/Mainz Über die Rheinterrassen
28 Wiesbaden/Rüdesheim Zwischen Riesling und Rhein
30 Ingelheim Duftendes Vergnügen
30 Alzey/Ingelheim Radeln bis zum Horizont
32 Rheinhessen Mit dem Rad in die Schweiz
32 Framersheim/Gimbsheim Auf dem Sattel zum Mühlrad
34 Rüdesheim Spaß für Familien
34 Kiedrich Mit vier PS durch den Rheingau
36 Kurz erklärt Velo in Rheinhessen

Baden & Bummeln

37 Baden & Bummeln

38 Wiesbaden Bad mit Fernsicht
38 Wiesbaden Mit 7,3 km/h auf Wiesbadens Hausberg
40 Wörrstadt Klein, aber fein
40 Bingerbrück Bad und See in einem
42 Worms-Herrnsheim Natürliches Badevergnügen
42 Worms „Hier stehe ich. Ich kann nicht anders!"
44 Wiesbaden Bummel durchs Schiffchen
44 Wiesbaden Schwitzen wie die Römer
46 Mainz-Kostheim Baden in Rheinnähe
46 Gau-Algesheim Schwimmen, Schwitzen, Spaß haben
48 Kurz erklärt Mythos Rhein

Einblick & Erlebnis

49 Einblick & Erlebnis

50 Rüdesheim Adler, Bussarde und Falken
50 Eberbach Unterwegs mit sanften Riesen
52 Mainz Prickelnder Kupferberg

In

Wiesbaden Wie die Perlen in die Flasche kommen   52
Nierstein Mit dem Traktor in die Weinberge   54
Hahnheim Schnupperkurs im Gartenparadies   54
Wiesbaden Rien ne va plus   56
Wiesbaden-Dotzheim Die Kunst des Begreifens   56
Nieder-Olm Die Kletterkiste   58
Wiesbaden Auf dem Skateboard durch die Wipfel   58
Kurz erklärt Rheinhessen   60

Wandern & Wundern   61

Mainz Besuch bei Mainz 05   62
Mainz Als die Mainzer Römer waren   62
Ingelheim Romantische Rheinauen   64
Alsheim Wandern auf verborgenen Pfaden   64
Siefersheim Von Bank zu Bank   66
Siefersheim Gegen vieles ist ein Kraut gewachsen   66
Oestrich-Winkel Wandern im Zeichen der Flöte   68
Oestrich-Winkel Deutschlands schönster Wanderweg   68
Biebrich Störche ganz nah   70
Walluf Der Vergangenheit auf der Spur   70
Auf einen Blick Nordic Walking   72

Top Tipp   73

Bingen Lasst Blumen sprechen   74

Mythen & Museen   91

Worms Jüdische Kulturtage   92
Worms Zeugnisse einer reichen Geschichte   92
Rüdesheim Weinmuseum Brömserburg   94
Rüdesheim Wo die Augen Ohren machen   94
Eltville Wiege der Buchdruckerkunst   96
Mainz In Gutenbergs Fußstapfen   96
Worms Museum für die Nibelungen   98
Worms Liebe, Hass und Rache und Tod   98
Walluf Konzert im Hof   100
Oestrich-Winkel Zu Besuch bei der Adelsfamilie Brentano   100
Kurz erklärt Fastnacht in Mainz   102

Burgen & Bauten   103

Flonheim Vermächtnis aus Apulien   104
Eltville „Die Tür steht offen, mehr noch das Herz!"   104
Alzey Freie Sicht auf Rheinhessen   106
Ingelheim Zeitreise ins Mittelalter   106
Rüdesheim Ruine Ehrenfels   108
Rüdesheim Die Wacht am Rhein   108

halt

110 **Oppenheim** Gotik am Rhein
110 **Oppenheim** Durchlöchert wie ein Schweizer Käse
112 **Oestrich-Winkel** Ältestes Steinhaus in Deutschland
112 **Oestrich-Winkel** Märchenschloss am Rhein
114 **Kurz erklärt** Kuhkapellen in Rheinhessen

Kunst & Kultur

116 **Rüdesheim/Ingelheim** Unterwegs mit Gästebegleitern
116 **Mainz** Es ist Licht geworden nach langer Nacht
118 **Walluf** Konzert im Hof
118 **Oestrich-Winkel** Ein Sommer voller Musik
120 **Worms** Jazz vom Feinsten
120 **Bingen** Eine Stadt wippt mit den Füßen
122 **Eltville** Sommernacht im Burghof
122 **Kiedrich** Singen nach uralter Tradition
124 **Mainz** Magische Fenster
124 **Mainz** Zu Besuch bei der „alten Dame"
126 **Kurz erklärt** Berühmte Persönlichkeiten

Küche & Keller

128 **Köngernheim** Prämierter Landgasthof
128 **Oppenheim** Mit allen Sinnen Wein verstehen
130 **Rheinhessen** Kulinarische Streifzüge
132 **Rheinhessen** Im Zeichen des Straußes
134 **Walluf** Picknickkorb willkommen
134 **Mainz** Kupferberg und Kupferburger
136 **Rheingau** An den Weintankstellen
136 **Johannisberg** Aus Schweden an den Rhein
138 **Eltville** Ausschank im Weinberg
138 **Geisenheim/Johannisberg** Beste Aussichten für Genießer
140 **Auf einen Blick** Die schönsten Wochenmärkte

Feste & Feiern

142 **Kiedrich** Spaß mit altem Fastnachtsbrauch
142 **Mainz** Aufmarsch des närrischen Nachwuchses
144 **Alzey** Sommer im Schlosshof
144 **Ingelheim am Rhein** Ein Fest für die Trauben des Königs
146 **Bingen** Die Nacht der Verführung
146 **Geisenheim-Johannisberg** Sommerfest für alle Sinne
148 **Erbach** Fest zu Ehren der Erdbeere
148 **Eltville** Mit Haube, Frack und Sonnenschirm
150 **Mainz** Nacht voller Fröhlichkeit
150 **Worms** Wo die Backfische feiern
152 **Auf einen Blick** Weihnachtsmärkte

154 Bildnachweis
156 Register

Trips &Touren

Benediktinerin mit

Hildegard von Bingen lebte vor fast 1000 Jahren, doch ihre Popularität ist ungebrochen. Wer ist die Frau, die durch ihre prophetische Gabe nicht nur ihre Zeitgenossen in ihren Bann zog, sondern auch noch heute Menschen erreicht, die nach Sinn und Orientierung suchen? Dem Phänomen Hildegard von Bingen kommt man dort näher, wo sie gelebt hat: in Bingen am Rhein.

EIBINGEN

Leben im Geiste Hildegards

Wer am Rhein entlang reist, erblickt die mächtigen Klostermauern der Abtei schon von Weitem. Den Ort – hoch oben in den Weinbergen – mit dem erhabenen Blick über die Rheinebene hatte sich Hildegard von Bingen im Jahr 1165 für ihr Kloster ausgesucht. Heute leben dort rund 50 Benediktiner-Schwestern. Sie pflegen die spirituellen sowie heil- und naturkundlichen Lehren Hildegards. Die Schwestern betreiben außerdem ein eigenes Weingut, eine Kunst- und Buchhandlung und bieten Gästezimmer für Exerzitien und Einkehrtage an.

INFORMATIONEN

AUSKUNFT

Benediktinerinnenabtei St. Hildegard
Klosterweg
65385 Rüdesheim
☎ 06722/499-0
@ www.abtei-st-hildegard.de

ANFAHRT

▶ Aus Frankfurt/Wiesbaden: über A 66 Richtung Rüdesheim.
▶ Aus Mainz: Über die Schiersteiner Brücke zum Schiersteiner Kreuz; weiter A 66 Richtung Rüdesheim; hinter dem Ortseingang Rüdesheim rechts in die Taunusstraße; weiter Richtung Windeck; in Windeck links in den Klosterweg einbiegen;
▶ Parkplätze außerhalb der Abtei.

Schrein in der Rochuskapelle.

Wenn man sich Hildegard von Bingen nähert, muss man immer wieder erstaunt feststellen, wie viele Begabungen diese Frau hatte. Sie war nicht nur Theologin und Prophetin, sondern auch Naturkundlerin, Medizinerin und Komponistin. Sie leitete Frauenklöster und stand in Kontakt mit Königen und Kirchenfürsten des Mittelalters. Selbst ihr Alter ist ein Superlativ: Sie wurde 81 Jahre alt (1098-1179) in einer Zeit, in der viele Menschen nicht einmal ihre Jugend überlebten. Auch das Werk, das sie hinterlassen hat, steht dem in nichts nach. „Hildegard übertrifft mit ihrem schriftstellerischen Werk alles, was Frauen bis dahin und lange nach ihr in der europäischen Geschichte geschaffen und hinterlassen haben", so beschreibt es ihre Biografin Barbara Beuys. Drei große theologische Werke hat sie verfasst, in denen sie ihre Visionen aufschrieb. Daneben hinterließ sie naturkundliche Schriften und ein bedeutendes musikalisches Werk.

Wer die große Benediktinerin näher kennenlernen will, sollte sich bei einer Themenführung anmelden. Sie beginnt in der Hildegard-Abteilung im Museum am Strom, wo ein Tourführer die vier Lebensorte der Ordensschwester vorstellt: Ihren mutmaßlichen Geburtsort Bermersheim, nahe Alzey, das Kloster Disibodenberg (Odernheim), in das sie als Kind eintrat, sowie ihre eigenen Klostergründungen auf dem Rupertsberg (Bingen) und in Eibingen im Rheingau. Modelle der Klöster lassen

HILDEGARD VON BINGEN

Kraft und Visionen

das Mittelalter vor den Augen der Interessierten lebendig werden, dazu erhalten die Besucher eine Einführung in die Werke Hildegards. Besonders interessant sind ein Nachdruck ihrer naturkundlichen Schrift „Physica" sowie Nachbauten zeitgenössischer Instrumente, auf denen die Äbtissin ihr musikalisches Werk komponierte.

Danach geht es an den Ort, an dem Hildegard den größten Teile ihres Lebenswerk wirkte, zum Kloster Rupertsberg, heute in Bingerbrück oberhalb von Bingen gelegen. In einer ihrer Visionen soll Hildegard diesen Platz als Ort für ihre Klosterneugründung erhalten haben. Vom Kloster ist nur noch eine Ruine erhalten, von der Klosterkirche fünf Arkaden und vom ehemaligen Kloster der Gewölbekeller.

Dann geht es noch ein Stück höher hinauf auf den Rochusberg zur Rochuskapelle, von wo aus sich ein grandioser Blick auf den Rhein eröffnet. Die Kirche ist mit dem Untergang des zweiten Hildegard-Klosters in Eibingen zur Gedächtnisstätte für die Ordensschwestern geworden. Die Rochusbruderschaft kaufte die gesamte Inneneinrichtung der Eibinger Klosterkirche auf, doch fielen diese kostbaren Erinnerungen einem Brand fast vollständig zum Opfer. Heute erinnern der vergoldete Hildegardis-Altar mit Hildegard-Reliquien sowie der Reliquienschrein des Hl. Rupertus an die Hildegardtradition. Die Führung endet mit dem Besuch des Kräutergartens im nahe gelegenen Hildegard-Forum, wo sich Ordensschwestern der Botschaft der Benediktinerin verpflichtet fühlen. Im

INFORMATIONEN

AUSKUNFT

▶ *Tourist-Information Bingen*
Rheinkai 21
55411 Bingen am Rhein
☎ *06721/184-205/-206/-200*
@ *tourist-information@bingen.de*
▶ *Historisches Museum am Strom*
-Hildegard von Bingen-
Museumstraße 3
55411 Bingen
☎ *06721/184-353*
@ *www.bingen.de*
ⅰ *Täglich außer Mo.: 10–17 Uhr.*

ANFAHRT

▶ *Aus Mainz: A 60 bis Bingen/Ost;*
▶ *Aus Alzey: A 61 bis Dreieck Nahetal;*
weiter A 60 Richtung Mainz
bis Bingen/Ost.
▶ *Jeweils weiter Richtung Bingen/*
Zentrum (Beschilderung folgen; das
Museum befindet sich neben der
„alten Stadthalle" am Rheinufer).

Der Heilkräutergarten in Bingen.

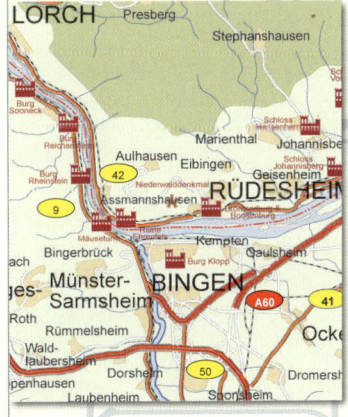

Heilkräutergarten nach mittelalterlichem Vorbild schließt sich der Kreis: Hier finden sich Pflanzen, deren Heilwirkung Hildegard in ihrem Buch „Physica" beschrieben hat.

Im kleinen Land

Der Rheingau zählt zu den bedeutendsten Weinanbaugebieten Deutschlands. Neben berühmten Weingütern gibt es auch Burgen, Schlösser und Klöster zu bestaunen – am besten auf der rund 70 Kilometer langen Rheingauer Riesling Route.

RÜDESHEIM

Die berühmteste Gasse der Welt

Ein echter Mythos: Drei Meter breit, 144 Meter lang und jährlich etwa drei Millionen Besucher. Die Drosselgasse ist weltweit bekannt als der Ort, an dem die Rheinromantik am fröhlichsten ist – täglich von 12 bis 4 Uhr. Schon im 15. Jahrhundert waren hier trinkfeste Rheinschiffer zu Hause. Vor rund 250 Jahren siedelten sich dann erste Wirtshäuser an und machten die „Gass" mit der Zeit über die Grenzen der Stadt hinaus bekannt. Wie diese Nachricht aber nach Frankreich, Amerika, Japan und sogar Tasmanien gelangte, das bleibt bis heute ein Geheimnis.

INFORMATIONEN

AUSKUNFT
Rüdesheim Tourist Center
Rheinstraße 29a
☎ 06722/906150
@ www.ruedesheim.de
@ www.drosselgasse.de

ANFAHRT
▶ Aus Frankfurt/Wiesbaden: über A 66 Richtung Rüdesheim;
▶ Aus Mainz: Über die Schiersteiner Brücke zum Schiersteiner Kreuz;
▶ Weiter A 66 Richtung Rüdesheim.
▶ Die Drosselgasse befindet sich unweit der Ortsausfahrt rechter Hand.

Eine Reise auf dem Rhein im Juni 1802 machte den Rheingau weltberühmt. Clemens Brentano und Achim von Arnim hatten von Mainz aus das damals wohl komfortabelste Reisemittel gewählt: das Schiff. Sie begründeten mit ihrer Schwärmerei und ihren Gedichten die Rheinromantik. Heute geht es einfacher: Mit dem Auto lässt sich der Rheingau bequem erkunden – und hat in den vergangenen 200 Jahren trotzdem nichts von seiner Schönheit verloren.

der großen Weine

Wer den hellgrünen Schildern mit der weißen Aufschrift „Rheingauer Riesling Route" folgt, verpasst garantiert keine Sehenswürdigkeit. Los geht es in der Gemeinde Flörsheim-Wicker, dem „Tor zum Rheingau". Wer möchte, kann direkt am Weinprobierstand den ersten Riesling verkosten. In Hochheim erinnert in der Lage Königin Viktoriaberg ein Denkmal an den Besuch der englischen Königin im Jahr 1845. Von ihr soll der Satz „A good Hock keeps off the doc!" (Ein guter Hochheimer ersetzt den Arzt) überliefert sein. Das Biebricher Schloss in Wiesbaden lädt zu einem Spaziergang durch den traumhaften Schlosspark ein. Nach dieser Pause kann die Reise durch das Rheingauer Rebenmeer fortgesetzt werden. Überall locken – wie in Walluf und Martinsthal – Weingüter, Schlemmerstände, Restaurants und Straußwirtschaften mit ihren Angeboten.

Wer dem Rheingau „aufs Dach" steigen will, sollte in Rauenthal den kurzen Spaziergang zur Bubenhäuser Höhe nicht scheuen. Dort wird man mit einer großartigen Aussicht über das sanft zum Rhein abfallende Hügelland belohnt. In Kiedrich ist der Besuch der Valentinuskirche mit ihrem prunkvoll geschnitzten Gestühl (▸ Seite 122) ein Muss. Danach wartet die älteste Stadt des Rheingaus, Eltville (seit 1332), darauf, entdeckt zu werden (▸ Seite 96). Rosen sind ein so wesentlicher Bestandteil des Ortes, dass der Eisverkäufer in der Fußgängerzone Rosen-, aber natürlich auch Rieslingeis in die Eiswaffel schaufelt. Die Nachbargemeinde Erbach ist bekannt für ihre berühmten Weinlagen. Nicht verpassen sollten Rheingau-Reisende das ehemalige Zisterzienserkloster Eberbach (▸ Seite 104). Über Hattenheim geht es nach Hallgarten, dort gewährt der Aussichtsturm auf der Hallgartener Zange einen der besten Blicke über den Rheingau. In Oestrich-Winkel und Mittelheim gibt es gleich mehrere lohnende Besichtigungsziele.

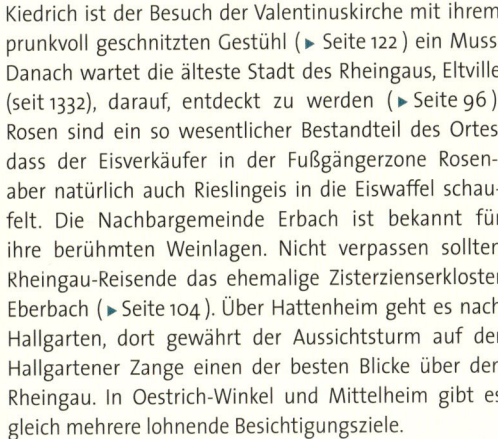

Im Brentanohaus (▸ Seite 116) hielt sich auch Goethe gerne auf. Schloss Vollrads, der Oestricher Kran (einzig erhaltener Weinverladekran aus dem 18. Jahrhundert) sowie die Basilika St. Ägidius (12. Jahrhundert) sollten auf jeden Fall angesteuert werden. Über Schloss Johannisberg (▸ Seite 146) und Geisenheim geht es in den wohl bekanntesten Ort des Rheingaus, nach Rüdesheim. Hier gibt es viel mehr zu entdecken als nur die Drosselgasse. Über Aulhausen und die berühmte Rotweingemeinde Assmannshausen kommt der Besucher an das Ende (oder den Anfang, wie man es nimmt) der Rheingauer Riesling Route nach Lorch und Lorchhausen.

Schloss Vollrads.

INFORMATIONEN

AUSKUNFT

Rheingau-Taunus
Kultur & Tourismus GmbH
An der Basilika 11A
65375 Oestrich-Winkel
☏ 06723/99550
🖷 06723/995555
@ www.kulturland-rheingau.de

ANFAHRT

▸ Aus Bingen/Mainz: A 60 Richtung Frankfurt/Rüsselsheim bis Abfahrt Rüsselsheim-Mitte; in Rüsselsheim Richtung Flörsheim am Main;
▸ Aus Wiesbaden: A 66 Richtung Frankfurt; Abfahrt Wallau/Flörsheim,
▸ Weiter Richtung Flörsheim.

Flörsheim–Wicker–Hochheim–Biebrich–Walluf–Martinsthal–Rauenthal–Kiedrich–Eltville–Erbach–Kloster Eberbach–Hattenheim–Hallgarten–Oestrich-Winkel–Geisenheim–Rüdesheim–Assmannshausen–Lorch

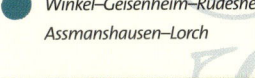

Genießen mit

Das kleine Dorf Eckelsheim, idyllisch in den Hügeln der Rheinhessischen Schweiz gelegen, ist ein „Gesamtkunstwerk". Unglaublich, was die rund 540 Einwohner in den letzten Jahren auf die Beine gestellt haben. Hier geht es um Genuss – für Gaumen, Ohr und für die Seele. Stolz trägt Eckelsheim den Beinnamen Wein- und Kräuterdorf.

R H E I N H E S S E N

Offene Gartentüren

Die schönsten Gärten schlummern meist im Privaten. So ist es auch in Rheinhessen, wo im sonnenverwöhnten Klima Bauern-, Stauden, Rosengärten, Mühlen-, Krautergärten oder richtige Englische Gärten entstanden sind. Damit es hier nicht das ganze Jahr im Verborgenen grünt und blüht, haben sich rund 50 Gartenbesitzer zusammengeschlossen. Der Besucher hat dann die Qual der Wahl: Wie viele Gärten er besucht, bleibt ihm überlassen. Erholsame Stunden, ein Plausch mit den Gartenbesitzern und Ideen für den eigenen Garten inklusive.

INFORMATIONEN

AUSKUNFT

▶ Rheinhessen-Touristik GmbH
Friedrich-Ebert-Str. 17
55218 Ingelheim am Rhein
☏ 06132/44170
@ www.rheinhessen.de
▶ IG Gartenführer Rheinhessen
Iris Leonhard, Wahlheimer Hof 22,
55278 Hahnheim ☏ 06737/809788
@ www.offene-gaerten-rheinhessen.de

ANFAHRT

▶ Je nach Veranstaltung. Siehe hierzu
Anfahrtsbeschreibung im Internet.

Ins Rollen brachte Vieles die Initiative Dorfentwicklung Eckelsheim – kurz IDEE. Das Herzstück der vielen Projekte, die mit Hilfe der Bewohner, aber auch mit der Unterstützung des Landes Rheinland-Pfalz verwirklicht werden konnten, ist der Kulturhof. Die ehemalige rheinhessische Hofreite wurde vor dem Ruin bewahrt, die alte Bausubstanz erhalten. Lehm, Sandstein, Kopfsteinpflaster, Ziegel, Eisen und Eichenholz spiegeln die Farben der umgebenden Landschaft wider. Hier kann man nicht nur hervorragende regionale Küche genießen, – Ausstellungen, Lesungen, Kleinkunst und Konzerte erfüllen das alte Gemäuer mit Leben. Jedes Jahr strömen die Besucher zum Tomatenmarkt, denn so viele Sorten, die so unterschiedlich schmecken, bekommt man wohl sonst nirgends geboten.

Auch die sagenumwobene Ruine der Beller Kirche gehört zu den Projekten der Dorfentwicklung. Der Verein Bella Kultura ermöglicht Kulturgenuss in einem einmaligen Ambiente, hinter alten Mauern, aber doch unter freiem Himmel. Wir wären nicht in Rheinhessen, wenn die Besucher bei den Veranstaltungen nicht mit Eckelsheimer Wein, Sekt sowie kleinen kulinarischen Köstlichkeiten verwöhnt würden. Alljährlich am vierten Juliwochenende ist die Beller Kirche Schauplatz eines dreitägigen Mittelaltermarktes mit mittelalterlichem Gelage, Gauklern, Fackeljongleur, Schwertkämpfern.

In eine andere Zeit versetzt fühlt man sich auch in der Werkstatt von Jürgen Graf alias „Meister der Ringe". Der Kunstschmied schafft die ungewöhnlichsten, urtümlichsten Geschöpfe aus Metall – eine wunderbare Sache beispielsweise für den eigenen Garten.

UND KRÄUTERDORF

allen Sinnen

Apropos Garten. Viele Eckelsheimer fühlen sich der Natur verbunden. Hier leben noch knapp 20 aktive Bauern- und Winzerfamilien. Viele ihrer Höfe sind geöffnet, und so kann man bei einem guten Glas Wein entspannen und sich die teils wunderbar angelegten Bauern- und Wildkräutergärten anschauen. Viele Betriebe bieten in ihren Hofläden auch regionale Produkte an, beispielsweise selbst gemachte Marmelade, Öle oder Pesto. Übernachtungsmöglichkeiten gibt es ebenfalls, sei es beim Bauern, in einer Ferienwohnung oder im Klosterhof Eckelsheim, einem restaurierten Bauerngehöft, das den Gästen heute allerhand Komfort bietet.

Über den vielen Möglichkeiten, hier seine Zeit zu verbringen, sollte man nicht vergessen, sich bei einem Spaziergang auch die Umgebung anzuschauen. Die Eckelsheimer haben einen Wildkräuter-Wein-Wanderweg ausgeschildert, auf dem man die grandiose Fernsicht über weite Landschaft genießen kann, die im Jahreswechsel in immer neuen Farben erstrahlt. Dort werden auch regelmäßig Kräuter-Führungen angeboten. Egal, welchen Schwerpunkt der Besucher selbst wählt, nach einem Besuch in Eckelsheim fühlt man sich, als sei man gerade aus dem Urlaub zurück.

INFORMATIONEN

AUSKUNFT
▶ Ortsgemeinde Eckelsheim
@ www.eckelsheim.de

ANFAHRT
▶ A 61 Abfahrt Gau-Bickelheim, B 420 nach Wöllstein, dort an der 2. Ampel links Richtung Alzey, immer geradeaus bis nach Eckelsheim.

Gesellige Entspannung im Freien: „Kulturhof" in Eckelsheim

Zu Land, Luft & Wasser

Die Rheinromantik und das Weltkulturerbe Mittelrheintal kann man auf der sogenannten Romantiktour auf eine ganz besondere Weise erleben. Von Rüdesheim bis Assmannshausen und zurück gelangt man zum Teil als Wanderer, mit zwei Seilbahnen und dann auch noch mit dem Schiff. Mehr Abwechslung ist bei einer Tagestour kaum möglich.

RHEINHESSEN / RHEINGAU

Schweben wie ein Vogel

Einmal den Rhein von oben sehen, aus der Vogelperspektive! In fast völliger Stille über Dörfer, Weinberge und Felder schweben. Diesen Wunsch haben sich schon viele erfüllt, die dem Reiz der Landschaften rechts und links des Flusses erlegen sind. Und das ohne eigenen Flugschein – denn es geht auch mit einem Heißluftballon! Steht man erst einmal im Korb und ist gestartet, lässt die anfängliche Nervosität schnell nach und weicht der Freude am Fliegen (beziehungsweise am Fahren, wie Ballonfachleute sagen). Herrlich, die eigene Heimat aus der Vogelperspektive neu zu entdecken ... ach würde der Tag da oben nie zu Ende gehen!

INFORMATIONEN

AUSKUNFT

▶ @ *www.ballonfahrten.de*

Romantische Gefühle können nicht per Knopfdruck erzeugt werden, und wer nacherleben will, was die Dichter der Rheinromantik beim Anblick des Mittelrheins empfunden haben, sollte erst einmal zur inneren Ruhe kommen. Beste Gelegenheit dazu ist ein eintägiger Ausflug – die Romantiktour. Hierbei wird einem unweigerlich romantisch zumute. Der Tagesausflug bietet fantastische Ausblicke auf den Rhein, die wunderschöne Landschaft des Mittelrheintals und auf die Städtchen Rüdesheim und Assmannshausen, die den aufgeschlossenen Besucher für sich einnehmen. Zeit und Gelassenheit heißen allerdings die Zauberworte, denn Hektik und Rheinromantik vertragen sich nicht miteinander.

Schon zu Beginn der Tour an der Seilbahnstation mitten in Rüdesheim sollte man sich nicht von der Hektik anderer Touristengruppen anstecken lassen. Wer sich das weltberühmte Rheinstädtchen anschauen will, sollte einfach ein bisschen früher kommen. Dann heißt es Einsteigen in die kleinen Kabinenbahnen, die jeweils zwei Personen bis zum Niederwalddenkmal transportieren (▶ Seite 108). Zehn Minuten lang kann man in absoluter Stille über den Reben schweben und seinen Blick über Rüdesheim, den Rhein und hinüber nach Bingen und zur Rochuskapelle schweifen lassen.

Vom Niederwalddenkmal aus startet dann eine etwa einstündige leichte Wanderung über die künstliche Burgruine Rossel zur sogenannten Zauberhöhle aus dem 18. Jahrhundert. Sie besteht aus einem langen, ummauerten Gang, der in einem kleinen Häuschen – der Zauberhütte – endet. Kommt man aus dem dunklen Gang, öffnet sich ein Blick auf den verwunschen wirkenden Rhein – zauberhaft! Über das Jagdschloss gelangt man dann bald zur Niederwaldseilbahn, Assmannshausen. Diesmal geht es in

durchs Mittelrheintal

Ein Traumblick vom Tempel an der Germania.

AUSKUNFT

▶ Seilbahn Rüdesheim
Oberstrasse 37
65385 Rüdesheim am Rhein
@ www.seilbahn-ruedesheim.de
@ info@seilbahn-ruedesheim.de
▶ Niederwald-Seilbahn
GmbH Assmannshausen
65385 Rüdesheim
✆ 06722/2765
@ www.seilbahn-assmannshausen.de
▶ Burg Rheinstein
Burg Rheinstein
55413 Trechtingshausen
✆ 06721/6348 ✆ 06721/6659
@ www.burg-rheinstein.de
@ info@burg-rheinstein.de
▶ Rössler-Linie
Lorcherstr. 34, 65385 Assmannshausen
✆ 06722/2353
@ info@roesslerlinie.de
@ www.roesslerlinie.de

ANFAHRT

▶ Aus Alzey: A 63 bis Kreuz Mainz-Süd;
weiter A 60 Richtung Koblenz.
▶ Aus Bingen/Mainz: A 60 bis Abfahrt
Wiesbaden (Schiersteiner Brücke);
▶ Weiter Abfahrt A 66 Richtung
Rüdesheim.
▶ In Rüdesheim zur Kabinenseilbahn
in der Ortsmitte.

Rüdesheim–
Niederwalddenkmal–
Assmannshausen–Burg
Rheinstein–Rüdesheim

einer modernen Seilbahn (▶ Foto links) durch die Lüfte hinunter in das Rotweinstädchen. Auch hier bietet sich eine traumhafte Aussicht auf den berühmten Assmannshäuser Höllenberg und Vater Rhein.

Bis 14.15 Uhr bleibt Zeit, Assmannshausen zu besichtigen, denn dann startet an Brücke zwei ein Schiff, das die Besucher bis zum Fuß der Burg Rheinstein bringt. Der Aufstieg lohnt sich, die Burg ist eines der eindrucksvollsten Kulturdenkmäler am Mittelrhein. Sie thront auf einem 90 Meter hohen Felssporn über dem Fluss.

Kurz nach 16 Uhr sollte man wieder am Schiffsanleger sein, dann geht es zurück nach Rüdesheim. Während der 55-minütigen Fahrt kann man die Seele baumeln lassen und einfach nur das Panorama genießen. Die Fahrt führt entlang berühmter Weinlagen durch das berüchtigte Binger Loch, der ehemals schwierigsten Engstelle für die Schiffer im Oberen Mittelrheintal, vorbei am Mäuseturm und der Ruine Ehrenfels, der Nahe-Mündung sowie der Burg Klopp oberhalb von Bingen zurück nach Rüdesheim.

Der Tag bietet alles, was sich ein Ausflügler nur wünschen kann, und das zu wirklich moderaten Preisen. Die Tour kann natürlich auch an einer anderen Stelle, beispielsweise in Assmannshausen, begonnen werden. Spätestens zwischen 10 und 11.30 Uhr sollte man starten, um die Romantiktour ausgiebig genießen zu können.

Hinter den Kulissen von

Wie kommen die Nachrichten ins Radio und wie sieht die Person aus, deren Stimme uns im Auto durch den Verkehr lotst? Wie groß ist ein Fernsehstudio? Diese und viele andere Fragen werden bei einer Führung durch den Südwestrundfunk in Mainz beantwortet. In einem der modernsten Funkhäuser Europas erlebt man Radio und Fernsehen live!

MAINZ
„Gud'n Aaamd!"

Die Mainzelmännchen kennt jeder, aber wer macht eigentlich Fernsehen beim ZDF in Mainz? Bei einer kostenfreien Führung durch das Sendezentrum am Lerchenberg können Besucher einen Blick hinter die Kulissen werfen, erfahren wie Nachrichten entstehen und wie es vor der Kamera aussieht. Dazu gibt es alles Wissenswerte über die Geschichte des Zweiten Deutschen Fernsehens, über Zahlen, Daten und Fakten. Führungen werden von Montag bis Freitag angeboten. Außerdem besteht auch die Möglichkeit, bei Sendungen live dabei zu sein.

INFORMATIONEN

AUSKUNFT
ZDF-Zuschauerredaktion
55100 Mainz
☎ 06131/7014972 oder 7014381
@ fuehrungen@zdf.de
@ www.zdf.de
Eine schriftliche Anmeldung ist erforderlich.
🗓 Führungen: Mo.–Fr. 9.30, 10 und 14 Uhr.

ANFAHRT
► Aus Bingen: A 60 Richtung Mainz.
► Aus Wiesbaden: über Schiersteiner Brücke Richtung Mainz.
► Aus Alzey: A 63 Richtung Mainz und weiter A 60 Richtung Koblenz-Bingen.
► Jeweils Abfahrt Mainz Lerchenberg (ZDF ist ausgeschildert).

Beim SWR können Besucher Studioatmosphäre schnuppern.

In Oppenheim ist Flugschau, die Redaktion von „Rheinland-Pfalz aktuell", der Nachrichtensendung im regionalen Fernsehprogramm „Unser Drittes", ist am Thema interessiert. Wie nun aber wird ein Film daraus? Der Planer gibt der Redakteurin den Auftrag zur Recherche. Das Thema ist gut, ein Kamerateam wird gebucht und mit Interviewpartnern werden Termine vereinbart. Dann machen sich Redakteurin und Kame-

Radio und Fernsehen

rateam auf zum Drehort. Nach mehreren Stunden sind sie zurück. Jetzt müssen die Bilder geordnet, geschnitten, betextet werden, bevor der Film in der 18 Uhr-Sendung gezeigt wird. „So viel Arbeit für einen Film", staunt eine Frau, die zusammen mit den anderen ihrer Turngruppe eine Führung durch den SWR macht und gerade in einem kurzen Film die Arbeit einer Fernsehredakteurin verfolgen konnte. „Der Nachrichtenfilm ist am Ende nur eineinhalb Minuten lang und ja auch nur einer von einer ganzen Reihe während der Sendung", erläutert Nevin Urunc, die die Gruppe begleitet. Das Staunen wird immer größer. Wie nur laufen alle Rädchen so passgenau zusammen, damit während der Sendung alles glatt läuft? „Dafür braucht man ein eingespieltes, professionelles Team." Rund 1300 Mitarbeiter am Standort Mainz sorgen

Mischpult.

dafür, dass Millionen Menschen am Radio und im Fernsehen umfassend informiert, aber auch unterhalten werden. Beispielsweise mit den Sendungen „Landesschau", „Ländersache" oder „Hierzuland" im SWR Fernsehen oder mit Report Mainz, einem Magazin, das im ersten Fernsehprogramm gesendet, aber in Mainz produziert wird. Für einige Sendungen wird dasselbe Studio genutzt, beispielsweise für „Fröhlicher Weinberg" und die Sportsendung „Flutlicht". „Und so ein Fernsehstudio schauen wir uns jetzt an", sagt Nevin Urunc, geht voran und bleibt nach kurzem Fußmarsch vor einer grauen Tür stehen. Dahinter verbirgt sich ein großer Raum, zahllose Scheinwerfer hängen von der Decke. Ansonsten ist es hier ziemlich unwirtlich, denn es wird gerade umdekoriert. Die Bauteile dazu stehen kreuz und quer im Raum, doch bald schon wird daraus eine perfekte Fernsehkulisse. Die Gruppe nimmt sich vor, heute Abend beim Fernsehen mal genauer hinzuschauen.

Dann geht es weiter, die Verkehrsredaktion der Radiosender SWR1 und SWR4 Rheinland-Pfalz wartet. Viel Zeit zum Reden bleibt erst einmal nicht, denn die Nachrichten um 15 Uhr haben schon begonnen. Gleich leuchtet für die beiden Frauen, die für die Verkehrsnachrichten verantwortlich sind und sie vorlesen, das Rotlicht: Sie sind „auf Sendung". Über Kopfhörer werden sie vom jeweiligen Moderator angesprochen und schon geht es los: „A 60 Mainz Richtung Saulheim, Stau nach einem Unfall ..." Die Besucher sind live dabei, auf der „anderen Seite" der Verkehrsnachrichten! Danach steht die Besichtigung der Hörfunkstudios auf dem Programm. Hier wird Radio gemacht, von hier wird gesendet! Ein Techniker nimmt die Gruppe in Empfang. Er lehnt an seinem Mischpult, das eher aussieht wie das Cockpit eines Flugzeugs und erklärt, wie mit Hilfe dieses riesigen technischen Apparats Musik und Berichte ins Radio kommen. Nach gut zweieinhalb Stunden neigt sich die Führung ihrem Ende zu. Die Turngruppe geht mit vielen Eindrücken nach Hause und mit neuem Wissen über die deutsche Medienlandschaft, die ARD und den SWR.

INFORMATIONEN

AUSKUNFT

SWR Mainz
Am Fort Gonsenheim 139
55122 Mainz
☎ *06131/92932291*
@ *www.swr.de*
@ *besucherfuehrungen@swr.de*
ℹ️ *Eine Anmeldung zu den Führungen ist erforderlich.*

ANFAHRT

▶ *Aus Alzey: A 63 Richtung Mainz.*
▶ *Aus Bingen: A 61 Richtung Mainz.*
▶ *Aus Wiesbaden: Über die Schiersteiner Brücke Richtung Mainz.*
▶ *Jeweils Abfahrt Mainz-Zentrum (der SWR ist von allen Seiten her ausgeschildert/neben Fußballstadion).*

Rieslingland mit Pioniergeist

DER RHEINGAU, ZWISCHEN FLÖRSHEIM/WICKER UND LORCHHAUSEN GELEGEN, VERDANKT SEINEN WELTRUF ALS WEINANBAUGEBIET EINER LAUNE DER NATUR. NUR HIER ÄNDERT VATER RHEIN AUF SEINEM FAST 1000 KILOMETER LANGEN WEG SEINE HAUPTRICHTUNG. IM SOGENANNTEN RHEINKNIE FLIESST ER VON OST NACH WEST DURCH DAS ENGE RHEINTAL. DAS SCHENKT DEN WEINBERGEN DES RHEINGAUS, DIE SICH DIREKT AN DAS UFER SCHMIEGEN, DIE NOTWENDIGEN SONNENSTUNDEN. DAZU KOMMEN DIE REFLEKTIERENDE WASSEROBERFLÄCHE DES STROMES, DIE FEUCHTIGKEIT AUCH IN DEN SOMMERMONATEN UND DIE GEOLOGISCH-MINERALISCHE BESCHAFFENHEIT DES BODENS. FÜR DIE „KÖNIGIN DER REBEN", DEN RIESLING, SIND DAS OPTIMALE VEGETATIONSBEDINGUNGEN. DIE WINZER HABEN DAHER DEN GRÖSSTEN TEIL DER RUND 3000 HEKTAR REBFLÄCHE MIT RIESLING BESTÜCKT. 13 PROZENT DER FLÄCHE SIND DEM SPÄTBURGUNDER VORBEHALTEN.

DIE ERSTEN SPUREN DES WEINANBAUS IN DIESER REGION REICHEN ZURÜCK BIS IN DIE RÖMERZEIT. DEN ANBAU VON REBEN AM JOHANNISBERG HAT – DER SAGE NACH – KARL DER GROSSE BEFOHLEN. ER BEOBACHTETE NÄMLICH AN EINEM VORFRÜHLINGSMORGEN VON SEINER PFALZ IN INGELHEIM AUS, DASS AUF DEM GEGENÜBERLIEGENDEN RHEINUFER, AM JOHANNISBERG, DER SCHNEE FRÜHER ALS ÜBERALL SONST GESCHMOLZEN WAR. HEUTE ZEUGEN ZAHLREICHE SCHLÖSSER UND KLÖSTER VON DER WEINBAUTRADITION UND VOM REICHTUM DES RHEINGAUS. VOR ALLEM BENEDIKTINER- UND ZISTERZIENSERMÖNCHE, WIE ETWA IM KLOSTER EBERBACH, LEISTETEN ÜBER VIELE JAHRHUNDERTE HINWEG PIONIERARBEIT. BAHNBRECHENDE ERFINDUNGEN UND ENTDECKUNGEN, DIE WELTWEIT VON BEDEUTUNG WAREN UND SIND, STAMMEN AUS DEM RHEINGAU. SPÄT- UND AUSLESE WURDEN AUF SCHLOSS JOHANNISBERG „ERFUNDEN"(▶SEITE 146), ABER AUCH DER CABINET-KELLER UND DIE FLASCHENFÜLLUNG HABEN HIER IHREN URSPRUNG.

Rollen
Radeln

Von den Nibelungen

BODENHEIM

Radeln auf alten Trassen

Die Rundtour mit dem liebevollen Namen Amiche ist benannt nach der Eisenbahn, die hier früher einmal von Alzey durch die rheinhessischen Weinberge nach Bodenheim schnaufte. Heute sind die Gleise demontiert, die Strecke ist asphaltiert und als Fahrradrundweg auch für Anfänger oder Inlineskater ideal. Eine lediglich leichte Steigung zwischen Nierstein und Dexheim und nur sehr wenig Kontakt mit dem normalen Straßenverkehr machen den Rundweg auch für eine Tour mit Kindern attraktiv. Zahlreiche Einkehrmöglichkeiten in typisch rheinhessischen Höfen an der Strecke.

INFORMATIONEN

AUSKUNFT

Rheinhessen-Touristik GmbH
Friedrich-Ebert-Str. 17
55218 Ingelheim am Rhein
☎ 06132/44170
@ www.rheinhessen.de

ANFAHRT

▶ Start und Ziel: Bahnhof Bodenheim;
Länge zirka 34 Kilometer – eine einheitliche Beschilderung gibt es nicht.

Nackenheim–Nierstein–
Oppenheim–Friesenheim–
Köngernheim–Selzen–
Mommenheim–Harxheim–
Gau-Bischofsheim–
Bodenheim.

Route

Immer entlang am geruhsam dahinfließenden Rhein, vorbei an Weinbergen, durch urige Auenlandschaften, mit Zwischenstopps im Biergarten oder einem Abstecher in einer der Winzergemeinden an der Strecke. Die fast 90 Kilometer von Worms über Mainz nach Bingen sind ein reiner Radfahr-Genuss!

Unsere Tour beginnt am Rheinufer in Worms und führt Richtung Norden aus der Stadt hinaus in die Weite der Rheinebene hinein. Auf sehr gut ausgebauten Wegen, teils auf dem Rheindamm, teils direkt am Wasser, haben die Radler eine leichte und entspannte Etappe vor sich. Nach rund 15 Kilometern entlang idyllischer Altrheinarme erreicht man den „Eicher See", auch „die Badewanne Rheinhessens" genannt. Fast zwei Kilometer lang und 500 Meter breit

ist das Gewässer, auf dem sich alle Arten von Wassersportlern tummeln. Auch Schwimmen ist erlaubt, allerdings gibt es keine Liegewiesen, da der Uferbereich größtenteils in Privatbesitz ist. Nach einer Rast im Restaurant des Segelclubs führt die Radtour weiter über mitunter etwas holprige Uferwege, dafür begleitet vom breiten Rhein und langen Reihen hoher Pappeln. So geht es nun rund 15 Kilometer weit, bis die Weinorte Oppenheim, Nierstein und Nackenheim in Sichtweite kommen. In Oppenheim lohnt

Abkühlung am Eicher See.

sich ein Stopp auf dem historischen Marktplatz unterhalb der Katharinenkirche, einer der bedeutendsten gotischen Kirchen am Rhein. Die nächste Rast wartet bereits ein paar Kilometer weiter im beschaulichen Winzerörtchen Nierstein. Nach einem Schoppen im schattigen Hof einer Straußwirtschaft geht es von Nierstein weiter nach Nackenheim und damit entlang einer der berühmtesten Weinlagen Deutschlands, dem „Roten Hang".

Hier bricht das rheinhessische Plateau an der Grenze zum Mainzer Becken und dem Oberrheingraben jäh ab. 280 Millionen Jahre alter, leuchtend roter Tonschiefer tritt aus dem Bruch hervor. Die einzigartige Beschaffenheit dieses kalk- und mineralhaltigen Bodens sowie die windgeschützte Lage der Weinberge, bringen vor allem außergewöhnliche Rieslinge hervor. Dieser Tradition rühmt sich auch das idyllisch zwischen Rebhügeln und dem Rhein gelegene Nackenheim. Bereits vor über 1.200 Jahren sind die hiesigen Weinlagen urkundlich erwähnt worden. Literarisch verewigt wurde Nackenheim vom Dichter und Dramatiker Carl Zuckmayer. In seinem Stück „Der fröhliche Weinberg" hat er seiner Heimatstadt ein Denkmal gesetzt: „Weit oben am Fluss, wo der Rhein ohne Burgen und Felsen, aber auch ohne die Schlote der Industrie geruhsam und heftig zwischen kupfrigen Weinbergen und flacher Obsthalde hinströmt, ist das Land meiner Kindheit und Jugend". Von Zuckmayers Nackenheim aus geht es dann rasch auf Mainz zu. Vorbei an Bodenheim erreicht der Rheinradweg schließlich die Industrieausläufer von Mainz, führt aber weiterhin unmittelbar am Fluss entlang über asphaltierte Wege bis ins Zentrum der Landeshauptstadt.

bis zum Mäuseturm

Nach einer Rast in einem Gartenlokal am Winterhafen oder einem Abstecher zum Domplatz folgt die Strecke dem Strom nun nach Westen, meist über gut ausgebaute Wirtschaftswege oder direkt über den Rheindamm. Zwischen Budenheim und Bingen durchqueren die Radler weitläufige Obstfelder mit Kirsch-, Zwetschgen- und Apfelbäumen, deren weiße und rosafarbenen Blüten im Frühjahr die gesamte Gemarkung in eine Märchenlandschaft verwandeln.

Alternativ geht es über den parallel verlaufenden, etwas holprigen Leinpfad direkt am Ufer entlang. Hier werden die Radler von einer wildromantischen Insellandschaft erwartet, mit urigem Auwald, glitzernden Altrheinseen und Sandstränden, die vor allem als Rastplatz für Zugvögel eine wichtige Rolle spielen. Das Naturschutzgebiet wird von fünf Rheininseln flankiert und erstreckt sich auf einer Länge von rund 17 Kilometern. An seinem Ende haben die Radler ihr Ziel, Bingen, schon beinahe erreicht. Bereits von weitem ist das unter Rheinschiffern berüchtigte „Binger Loch" zu sehen, das enge Tal zwischen den Ausläufern des Hunsrücks auf der einen und des Taunus auf der anderen Rheinseite. Hier endet die Tour – die ab Sommer 2008 unbedingt mit einem Besuch der Landesgartenschau gekrönt werden sollte ▶ Top Tipp.

INFORMATIONEN

AUSKUNFT

▶ Rheinhessen-Touristik GmbH
Friedrich-Ebert-Str. 17
55218 Ingelheim am Rhein
☏ 06132/44170
☏ 06132/441744
@ www.rheinhessen.de
@ www.rheinhessen-radtouren.de

ANFAHRT

▶ Start: vom Bhf. Worms Richtung Rhein und von dort auf den Radweg, der unterhalb der Nibelungenbrücke Richtung Norden führt.
▶ Beschilderung: Gelber Europa-Radler auf blauem Grund.
▶ Höhenunterschied von Worms nach Bingen insgesamt rund 80 Meter Ziel: Bingen Bhf.

Route
Worms–Eich–Oppenheim–Nierstein–Nackenheim–Oppenheim–Mainz–Ingelheim–Bingen.

Das Bingener Loch mit dem Mäuseturm.

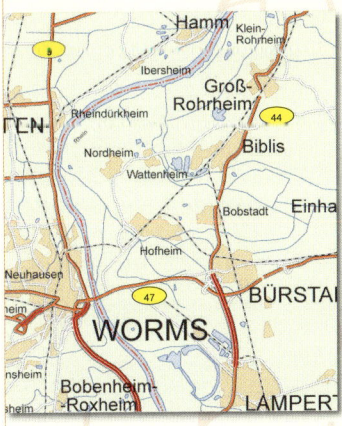

Zwischen Riesling

WORMS / MAINZ

Über die Rheinterrassen

Die Rheinterrassen-Route ähnelt in ihrem Verlauf der Tour von Worms über Mainz – verläuft aber meist oberhalb davon, ermöglicht damit viele Fernblicke über die Rheinebene und leitet die Radler direkt durch viele Gemeinden an der Strecke. Von Worms aus führt der erste Abschnitt nach Herrnsheim und Osthofen, von wo aus es dann kilometerlang durch die Rebenlandschaft geht. Innerhalb der Ortschaften kommen die Radler an zahlreichen Winzerhöfen vorbei. Vor Oppenheim trifft die Rheinterrassenroute wieder auf den Rheinradweg. Länge zirka 60 km.

INFORMATIONEN

AUSKUNFT

Rheinhessen-Touristik GmbH
Friedrich-Ebert-Str. 17
55218 Ingelheim am Rhein
📞 06132/44170 📞 06132/441744
@ www.rheinhessen.de

ANFAHRT

▶ Aus Mainz: A 63 bis Kreuz Alzey und weiter A 61 Richtung Ludwigshafen/Worms.
▶ Aus Bingen/Alzey: A 61 Richtung Ludwigshafen/Worms; jeweils bis Abfahrt Worms-Zentrum.
▶ Die Tour beginnt am Bahnhof. Beschilderung/Logo: „Dorf mit Weinbergen und Feldern" folgen.

Worms–Herrnsheim–
Osthofen– Mettenheim–
Alsheim– Guntersblum–
Dienheim– Oppenheim

Route

Segelboote und Yachten, gemütliche Kutter und Ausflugsschiffe – am Rhein zwischen Wiesbaden und Rüdesheim kommt Urlaubsstimmung auf. Der Radweg führt über rund 25 Kilometer stets am Wasser entlang, unterhalb der Rheingauer Rebenhänge und durch einige der malerischsten Weinbau-Örtchen.

Ausgangspunkt der Tour ist das Biebricher Schloss, ein prachtvoller Barockbau direkt am Rheinufer und im 18. Jahrhundert Residenz der Fürsten und Herzöge von Nassau. Wer Zeit hat, sollte den großartigen Schlosspark besuchen, eine grüne Oase in der Stadt. Erstes Streckenziel ist die Winzergemeinde Walluf, die älteste Siedlung des Rheingaus. Hier wird schon seit über 1200 Jahren Weinbau betrieben. Im Ortsteil Niederwalluf führt der Radweg an einer wildromantischen Rheinbucht, am Segelhafen und an einigen gastfreundlichen Weinlokalen vorbei. Kurz darauf erreichen die Radler das liebenswerte Örtchen Erbach mit seinen historischen Herrensitzen und Adelshäusern. Empfehlenswert: ein Abstecher zu Schloss Reinhartshausen, heute ein Fünf-Sterne Hotel und weithin bekanntes Weingut. Neben seinen hervorragenden Weinen (weltbekannt ist die Weinlage Marcobrunn) ist Erbach auch für seine Erdbeeren berühmt, die einst sogar bis an königliche Höfe geliefert wurden (Erdbeerfest ▶ Seite 148).

Von Erbach ist es nun nur noch ein Katzensprung nach Eltville. Alta Villa, die Hohe Stadt, ist seit Jahrhunderten eine der bedeutendsten Städte der Region und ein Muss für Romantiker. Die stattlichen Adels- und Herrenhäuser, die gründlich restaurierte Altstadt mit ihren Fachwerken, historischen Gassen und der Kurfürstlichen Burg mit ihren efeubewachsenen Mauern und dem großen, verträumten Rosengarten …

Wenige Kilometer weiter passieren die Radfahrer Hattenheim. Gegenüber liegt die liebliche Mariannenaue, die größte Insel im Rhein. Hattenheim ist unter anderem für seine abwechslungsreiche Gastronomie bekannt, von exklusiv bis bodenständig. Einkehren kann man praktisch überall; – ohne einen Fehler zu machen. Nächste Station ist das lebhafte Oestrich-Winkel, schon aus einiger Entfernung an seinem Wahrzeichen zu erkennen, einem der letzten, historischen Weinverladekräne direkt am Rhein (an Wochenenden für Besucher geöffnet). Doch damit nicht genug der Sehenswürdigkeiten: In Winkel steht das Haus der Familie Brentano, im Zeitalter der Romantik Anziehungspunkt für viele Prominente aus Kunst und Wissenschaft

(▶ Seite 116). Oder das annähernd 1.000 Jahre alte „Graue Haus", das wohl älteste Steinhaus Deutschlands. Oder Schloss Vollrads, ein „Märchenschloss" inmitten einer wunderschönen Rebenlandschaft (▶ Seite 112). Geisenheim heißt der nächste Stopp der Sightseeing-Radler. Am Ortsausgang in Richtung Rüdesheim steht die „Villa Monrepos" mit ihrem prächtigen Park, der Entstehungsstätte der heute weltbekannten Forschungsanstalt für Wein-, Obst-

Romantische Schiefergedeckte Fachwerkhäuser.

und Rhein

Peter und Paul Kirche in Eltville.

Alter Verladekran in Oestrich.

und Gartenbau. Auf dem Marktplatz von Geisenheim steht eine über 700-jährige Linde, die der Stadt ihren Beinamen gab und Mittelpunkt des alljährlichen Lindenfestes Mitte Juli ist. Außerdem unbedingt besuchen: den „Rheingauer Dom", eine der schönsten Kirchen weit und breit. Endpunkt der Radtour ist das Fachwerkstädtchen Rüdesheim, der Touristenmagnet im Rheingau schlechthin. Drosselgasse, Niederwalddenkmal, Musikalien- und Foltermuseum, Ruine Ehrenfels und die Klosterabtei Sankt Hildegard – in Rüdesheim findet die Rheingau-Radtour ihren würdigen Abschluss.

Die Radtour ist rund 25 Kilometer lang und folgt dem Rieslingradweg (grünes Weinglas auf weißem Grund).

INFORMATIONEN

AUSKUNFT
Rheingau-Taunus
Kultur & Tourismus GmbH
An der Basilika 11A
65375 Oestrich-Winkel
☎ 06723/99550
@ www.kulturland-rheingau.de

ANFAHRT
▶ Aus Bingen/Mainz: A 643 über die Schiersteiner Brücke bis Abfahrt Äppelallee/Schierstein/Biebrich; nach links in die Äppelallee einbiegen; unter der Brücke hindurch und links in die Rheingaustraße abbiegen; der Straße zirka einen Kilometer weit bis zum Biebricher Schloss folgen.

Route Wiesbaden-Biebrich–Walluf–Erbach–Eltville–Hattenheim–Oestrich-Winkel–Geisenheim–Rüdesheim.

Pause am Rhein.

Radeln bis

Duftendes Vergnügen

Die Rheinhessische Obstroute ist eine herrliche Strecke fast das ganze Jahr hindurch! Im Frühjahr strampelt man durch ein duftendes Blütenmeer und von Frühsommer bis Herbst vorbei an Kirschen, Äpfeln, Mirabellen, Birnen und Pflaumen (an der Strecke Obstkauf beim Bauern!). Der Weg verläuft größtenteils über asphaltierte Radwege und Nebenstraßen. Zwischen Schwabenheim und Gau-Algesheim liegen zwar einige mittelschwere Steigungen, die Aufstiege werden aber durch herrliche Ausblicke auf Obstfelder und Weinberge belohnt. Eine durchgehende Beschilderung der Obstroute gibt es zur Zeit nicht.

INFORMATIONEN

AUSKUNFT

Rheinhessen-Touristik GmbH
Friedrich-Ebert-Str. 17
55218 Ingelheim am Rhein
☎ 06132/44170
@ www.rheinhessen.de
@ info@rheinhessen.de

ANFAHRT

▶ *Aus Mainz/Bingen: A 60 bis Ingelheim/West; weiter Richtung Ingelheim/Gau-Algesheim;*
▶ *Weiter Ingelheim/Zentrum; der Beschilderung Bahnhof folgen.*
▶ *Start und Ziel: Bahnhof Ingelheim.*
▶ *Dauer: zirka fünf Stunden - Länge: 36 Km.*

Ingelheim–Groß-Winternheim–Schwabenheim–Stadecken–Engelstadt–Ober-Hilbersheim–Nieder-Hilbersheim–Appenheim–Gau-Algesheim–Ingelheim.

Die Selz bei Hahnheim.

Das kleine Flüsschen Selz war schon vor vielen tausend Jahren eine der wichtigsten Wasseradern für die Urahnen der heutigen Rheinhessen. Parallel zur Selz verläuft heute ein wunderbarer Radweg, der sich gemeinsam mit der Selz gemächlich mitten durchs rheinhessische Hügelland bis zum Rhein nach Ingelheim schlängelt.

Der offizielle Radweg beginnt am Bahnhof in Alzey. Noch schöner, allerdings auch etwas zeitaufwändiger ist es, den Ausgangspunkt der Tour zehn Kilometer nach Südwesten zu verlegen, nach Orbis ins nordpfälzische Bergland, direkt an den Ursprung der Selz. Dort, wo das frische, eiskalte Wasser aus der Erde sprudelt, steht ein einzigartiger, geheimnisvoller Baum, in dem, so eine Sage, die Quellgeister hausen. Von hier aus geht es zunächst über ein Stück Landstraße und durch die verschlafenen Dörfer Morschheim und Mauchenheim nach Alzey. Schon auf den ersten Kilometern wird deutlich, worin der besondere Reiz dieser Radtour liegt: Freie Sicht in alle Richtungen, sanfte Hügel und ausgedehnte Kornfelder bis zum Horizont, über denen sich ein ungewöhnlich weiter Himmel spannt. Nach etwa zehn Kilometern ist Alzey erreicht. Schon aus der Ferne erkennt man das Wahrzeichen der Stadt, den Wartbergturm. Schonen Sie sich nicht, denn der Aufstieg entlohnt mit einem sensationellen Panoramablick über das gesamte rheinhessische Hügelland, bei klarer Sicht sogar bis hinüber in den Rheingau. Nach einer Rast in der historischen Altstadt von Alzey geht es wieder in den Sattel und weiter über Schafhausen, Framersheim, Gau-Odernheim nach Bechtholsheim, weitgehend über

Route

SELZTALRADWEG

zum Horizont

Unterwegs auf dem Selztalradweg.

INFORMATIONEN

AUSKUNFT

▶ Rheinhessen-Touristik GmbH
Friedrich-Ebert-Str. 17
55218 Ingelheim am Rhein
☎ 06132/44170
@ info@rheinhessen.de
@ www.rheinhessen.de
▶ Verkehrsverein Selztal e.V.
Gaustrasse 54, 55278 Selzen
☎ 06737/7119361
@ info@verkehrsverein-selztal.de
@ www.verkehrsverein-selztal.de

ANFAHRT

▶ Aus Mainz/Kaiserslautern: A 61 bis
Kreuz Alzey.
▶ Aus Richtung Koblenz: über A 63 bis
Kreuz Alzey; jeweils weiter Richtung
Alzey/Zentrum.
▶ Ab Bhf. Alzey ist der Radweg
ausgeschildert.
▶ SELZTALRADWEG R 2 oder Grüner
Frosch auf weißem Grund mit dem
Schriftzug SELZTALRADWEG.
▶ Ziel: Hafen Ingelheim-Nord
▶ Autofähre in den Rheingau nach
Oestrich-Winkel.
▶ Länge: zirka 52 Km (von der Quelle
in Orbis zirka 63 Km); nur wenige,
leichte Steigungen.

Route Alzey–Framersheim–Gau-
Odernheim–Bechtolsheim–
Friesenheim–Köngernheim–
Hahnheim–Nieder-
Olm–Stadecken-Elsheim–
Schwabenheim–Ingelheim

asphaltierte Wirtschaftswege und immer direkt an der Selz entlang. Auf diesem Abschnitt werden die Kornfelder allmählich von immer dichter werdenden Rebflächen abgelöst. Empfehlenswert ist ein kurzer Aufenthalt im alten Ortskern von Framersheim, der im Baustil der sogenannten „fränkischen Haushofbauweise" errichtet ist, also mit mittelalterlichen Fachwerk-Bauernhöfen. Nächste Station ist die ehemalige „Freie Reichsstadt" Gau-Odernheim. Vom einstigen Wohlstand des Städtchens zeugen noch heute prächtige Fachwerkhäuser aus dem 16. Jahrhundert. Gleich hinter dem Städtchen passieren die Radler den 243 Meter hohen Petersberg, der ganz und gar von Weinreben überzogen ist und sich wie ein grüner Saurier aus der Landschaft erhebt. Kurz darauf durchquert die Route die Weinbaugemeinden Bechtholsheim und Friesenheim. Nun ist es nicht mehr weit nach Hahnheim und damit zum Naturschutzgebiet „Hahnheimer Bruch", das sich von hier bis Ingelheim erstreckt. Das Biotop ist vor allem für hierzulande seltene Zugvögel ein beliebter Zwischenstopp. Auf den nächsten Kilometern, bis Sörgenloch, führt der Radweg ein gutes Stück direkt an den „Landeplätzen" und Feuchtwiesen des Biotops vorbei. Danach verläuft er parallel zur Landstraße und kommt bald nach Nieder-Olm und wenig später in die Winzergemeinden Stadecken-Elshein und Schwabenheim. In Letzterer hat der Weinbau eine über 1200 Jahre alte Tradition – kein schlechter Ort also, um vor der Schlussetappe noch einmal in einer Straußwirtschaft einzukehren. Der Rest der Strecke ist nun auch für müde Beine kein Problem mehr. Es geht nur noch nach Groß-Winternheim, das seinen Namen den alten Germanen verdankt, die hier regelmäßig ihr Winterlager aufschlugen. Von hier rollt es schließlich gemütlich bergab nach Ingelheim und zum Ziel des Radweges, der Selzmündung in den Rhein.

Auf dem Sattel

Noch vor hundert Jahren gab es zwischen Alzey und dem Rhein zahlreiche Wassermühlen. Wie an einer Kette gezogen, lagen sie am Seebach und der Weidas. Heute folgt der „Mühlenradweg" dem Verlauf dieser Bäche, vom Alzeyer Hügelland durch den Wonnegau bis hin zum Rhein.

RHEINHESSEN

Mit dem Rad in die Schweiz

Diese Tour führt durch einen besonders interessanten Teil Rheinhessens. Seiner Hügel wegen gerne als die „Rheinhessische Schweiz" bezeichnet. Ein bisschen übertrieben ist das schon – höher als 300 Meter ist hier kein Berg. Aber Radfahrer müssen sich auf diesem Rundweg auf einige Steigungen einstellen. Die Ausblicke in die Landschaft, die vor Jahrmillionen von einem Meer geformt wurde, werden aber für eventuelle Strapazen entschädigen. Außerdem: In jedem der Winzerdörfer auf der Strecke gibt es reichlich Möglichkeiten zu Einkehr und Erholung.

INFORMATIONEN

AUSKUNFT
Rheinhessen-Touristik GmbH
Friedrich-Ebert-Str. 17
55218 Ingelheim am Rhein
☎ 06132/44170
@ www.rheinhessen.de

ANFAHRT
▶ *Aus Bingen: A 61 Richtung Ludwigshafen.*
▶ *Aus Mainz: A 63 Richtung Kaiserslautern bis Kreuz Alzey, weiter A 61 Richtung Koblenz.*
▶ *Aus Alzey: A 61 Richtung Koblenz,*
▶ *Jeweils bis Ausfahrt Gau-Bickelheim, dort Richtung Sprendlingen.*
▶ *Die Rundfahrt beginnt am Bahnhof in Sprendlingen, ist rund 30 Kilometer lang und nicht beschildert.*

Sprendlingen–Gau-Bickelheim– Wallertheim– Armsheim–Flonheim– Uffhofen–Wendelsheim– Eckelsheim–Siefersheim– Badenheim

Eine malerische Hügel- und Rebenlandschaft, deren Schönheit schon in der Nibelungen-Sage gepriesen wurde, romantische Bachauen, Weinberge und traditionelle Winzerdörfer mit verträumten Gassen und Marktplätzen aus dem Mittelalter. All das erwartet die Radler auf dem Rheinhessischen Mühlenradweg. Die gesamte Strecke, bis auf ein paar sanfte Steigungen am Anfang, ist auch für wenig durchtrainierte Menschen ein Genuss. Benannt ist die Route nach den zahlreichen Mühlen am Wegesrand. Dabei handelt es sich hauptsächlich um ehemalige Getreidemühlen, die aus einer Zeit stammen, als in Rheinhessen hauptsächlich Korn und nicht Wein angebaut wurde. Nicht alle dieser historischen Bauwerke sind heute noch erhalten, aber wo es sie noch gibt, sind sie von ihren heutigen Besitzern oft liebevoll restauriert worden und können teilweise besucht und besichtigt werden.

Der Mühlenradweg beginnt in der Gemeinde Framersheim, dort wo die Weidas in die Selz mündet. Framersheim wurde schon vor über 1200 Jahren erstmals urkundlich erwähnt und ist von jeher bekannt für seine hervorragenden Rotweinlagen. Erste Ziele der Radtour bachaufwärts entlang der Weidas sind die Winzergemeinden Gau-Heppenheim und Dautenheim. In Gau-Heppenheim lohnt sich der Besuch der Mohrenmühle. Hier wird gerne gefeiert – beim Mühlenfest zum Beispiel, alljährlich an Pfingsten. Daneben finden regelmäßig Konzerte und Kunstausstellungen statt. Wenige Kilometer weiter erreichen die Radler Dautenheim, das

zum Mühlrad

wegen seiner günstigen und fruchtbaren Lage schon von den Römern geschätzt wurde. Wie hier haben die Kohorten Caesars überall im Wonnegau damals Reben gepflanzt. Ein historischer Glücksfall, von dem auch die nächste Station der Tour noch heute profitiert, die kleine Gemeinde Eppelsheim. Eppelsheim gelangte im 19. Jahrhundert zu Weltruhm, als hier in einer Sandgrube der vollständig erhaltene Schädel eines zehn Millionen Jahre alten Ur-Elefanten entdeckt wurde (Besuch im örtlichen Museum „Dinotherium").

Von hier aus geht es weiter nach Westhofen und damit zum Seebach, der hier entspringt. Die Seebachquelle ist die wasserreichste in ganz Rheinhessen. Saalmühle, Seemühle, Schabenmühle und Dreihornsmühle zeugen von der Bedeutung des Baches für die damalige Getreidewirtschaft. Noch deutlicher wird das im wenige Kilometer entfernten Osthofen. Alleine im Ortsteil Mühlheim waren früher 13 Müller ansässig (am besten erhalten ist die Steinmühle am Eulenberg). Auf gerader Strecke geht es nun weiter nach Rheindürkheim, wo der Seebach in den Rhein mündet. Hier trifft der Mühlenradweg auf den Rheinradweg von Worms nach Bingen und folgt ihm ein Stück nordwärts über Hamm nach Eich. Dort wartet – sozusagen als Belohnung für die Radler – ein Bad im Eicher See, der wegen seiner Größe auch die „Badewanne Rheinhessens" genannt wird.

Windräder unterwegs.

INFORMATIONEN

AUSKUNFT

Rheinhessen-Touristik GmbH
Friedrich-Ebert-Str. 17
55218 Ingelheim am Rhein
☏ 06132/44170
@ www.rheinhessen.de

ANFAHRT

▶ Aus Mainz: A 63
▶ Aus Bingen: A 61
▶ Jeweils bis Anschluss-Stelle Alzey; weiter Richtung Alzey/Gau-Odernheim; weiter Richtung Framersheim.
▶ Alternativ: Bhf. Alzey, von dort nach Dautenheim über „Dautenheimer Landstraße".
▶ Der Radweg ist rund 30 Kilometer lang und mit einem Mühlenlogo ausgeschildert (Mühle auf weißem Grund).

Route

Framersheim–
Dautenheim–Dintesheim–
Eppelsheim–Westhofen–
Osthofen– Rheindürkheim–
Hamm–Eich

Mit vier PS durch

Raus aus der Hektik des Alltages, rein in eine Kutsche des Kutschermeisters Bibo. Ohne Hast und Strapazen geht es beschaulich und genüsslich zu einigen der schönsten Flecken im Rheingau. Unterwegs wohl versorgt mit Riesling und einer kräftigen Vesper.

RÜDESHEIM

Spaß für Familien

Viele Kinder träumen davon, einmal auf einem Pferd zu reiten. Auf dem Ebentaler Hof ist das auch ohne Reiterfahrung möglich. Rund 50 Ponys gehören zum Hof. Auf ihnen können auch schon die Kleinen den rund zwei Kilometer langen Rundweg schaffen. Oder sie versuchen es gemeinsam mit ihren Eltern in einer Kutsche. Geboten werden auch geleitete Planwagenfahrten durch die Umgebung. Ideal für rustikale Feiern oder einen Kindergeburtstag, zumal auf dem Ebentaler Hof auch Esel, Schafe und Ziegen leben. Für Erwachsene wird etwas ganz Besonderes angeboten: Helikopterflüge über das Weltkulturerbe Mittelrheintal. Wer will, kann länger bleiben, Campingplatz und Zimmer stehen zur Verfügung.

INFORMATIONEN

AUSKUNFT
▶ Ebentaler Hof
Auf dem Ebental 1
(An der Landstraße L 3454)
65385 Rüdesheim am Rhein
☎ 06722/2518
@ www.ebental.de @ info@ebental.de
🗓 März bis Nov. tägl. von 11–18 Uhr.
Für Flüge bitte anmelden.

ANFAHRT
▶ In Rüdesheim Richtung Niederwalddenkmal bergauf, dann ab der Ortsausfahrt immer der Vorfahrtsstraße folgen; geradeaus, an den Abfahrten Niederwalddenkmal und Aulhausen vorbei und ein kurzes (kurviges) Stück durch den Wald. Der Ebentaler Hof liegt dann rechter Hand. Von Rüdesheim sind es rund drei Kilometer bis zum Ebentaler Hof.

Blitzblank glänzt das lackierte Holz der Kutsche im Sonnenschein, die vier kraftstrotzenden Pferde sind festlich herausgeputzt, tragen aufwendig verziertes Geschirr, rote Ohrenschützer und, in Anspielung auf ihre Herkunft, die Schweizer Flagge auf der Stirn. Langsam ruckelt der Vierspänner mit den frisch gestriegelten Freibergern los. „Ho Yvette, los Maxima, Nero und Mareike", ruft Kutscher Winfried Bibo. Im richtigen Leben ist Bibo zwar Winzer in Kiedrich, aber gleichzeitig auch Pferdenarr und Kutscher aus Leidenschaft. Und so macht er eben beides: Wein und Ausflüge mit seinen Pferden. Inzwischen vergeht keine Woche, in der er nicht mit seinen Gästen durch den Rheingau juckelt. Mal im flotten Jagdwagen für drei Personen, mal in der Wagonette, einem kleinen Planwagen für sieben Personen, oder dem großen Planwagen, auf dem 14 Personen Platz finden. Auf zwei gepolsterten Bänken sitzen sich jeweils sieben Leute gegenüber, zwischen ihnen ein Tisch, darauf ein paar Flaschen Riesling – so kann der Tag kommen. Ohne Eile und scheinbar auch

Eine Kutschenfahrt mit Genuss.

ohne Anstrengung ziehen die Pferde die schnell lustiger werdende Gesellschaft vorbei an der Valentinuskirche und der alten Mühle hinaus in die Weinberge. Über Wirtschaftswege geht es zunächst steil bergan Richtung Burgruine Scharfenstein und vorbei am „Weinberg der Ehe". Hier bekommen alle Paare, die sich in Kiedrich trauen lassen, einen eigenen Weinstock. An der Ruine Scharfenstein können sich die Kutschfahrer für einen Moment die Beine vertreten. Von der ehemaligen Burg ist heute nur noch der gewaltige, 30 Meter hohe Wehrturm erhalten, den man aber gefahrlos ersteigen kann. Der Blick von hier oben ist einmalig. Weit hinaus über die berühmten Kiedricher Weinlagen Klosterberg, Wasseros und Sandgrub. Dort hinten fließt der Rhein, da drüben zeichnen sich die sanften Hügel der Rheinhessischen Schweiz ab. Kutscher Bibo bietet seinen Gästen ganz unterschiedliche Routen an. Von der kleinen, zweistündigen Runde rund um Kiedrich bis hin zur

den Rheingau

großen Tagestour, für die man mindestens sieben Stunden einplanen muss. Dann aber geht es weit durch den Rheingau, durch den Wald zum Kloster Eberbach, inklusive Besichtigung, hinunter zum Rhein und über Eltville wieder zurück. Natürlich muss auf so einer Reise keiner verdursten oder verhungern. Familie Bibo sorgt dafür, dass die Kutschfahrer unterwegs mit einer deftigen Winzervesper versorgt werden. Dafür hat Sohn Stefan an einem schönen Aussichtspunkt bereits einen schattenspendenden Pavillon aufgebaut und darunter einen reich gedeckten Tisch gestellt. Eine Fahrt mit der Kutsche kann auch mit einer anschließenden Weinprobe im Weinkeller kombiniert werden. Als sichere Grundlage empfiehlt sich dann das Kutscherschnitzel mit Bratkartoffeln im eigenen Gutsausschank „Zum Bur".

Und natürlich gibt's für Yvette, Mareike, Nero und Maxima zum Abschied noch ein Stückchen Zucker und einen dankbaren Klaps.

Nero und Maxima im Festgewand.

INFORMATIONEN

AUSKUNFT

Weingut „Zum Bur"
Oberstraße 3
65399 Kiedrich
☏ 06123/5513
@ www.wein-bur.de
@ kontakt@wein-bur.de

ANFAHRT

▶ Aus Alzey: A 63 bis Kreuz Mainz-Süd; weiter A 60 Richtung Koblenz.
▶ Aus Mainz/Bingen: A 60 bis Abfahrt Wiesbaden (Schiersteiner Brücke).
▶ Weiter bis Abfahrt Rüdesheim.
▶ Weiter A 66 Richtung Rüdesheim. bis Abfahrt Kiedrich;
▶ Das Weingut Bur befindet sich in direkter Nachbarschaft zur berühmten Kirche Sankt Valentinus.

 **Route**

Kiedrich–Burg Scharfenstein–Kloster Eberbach– Hattenheim– Eltville–Kiedrich

Rückenwind per E-Bike

IN RHEINHESSEN WERDEN REGENJACKEN NUR SELTEN GEBRAUCHT. UND DESHALB WÄCHST HIER DER WEIN SO GUT UND REICHLICH UND FORMT EINE EINZIGARTIGE NATUR. FÜR RADLER IST DIE SONNENVERWÖHNTE REGION EIN PARADIES: DIE RADWEGE SIND GUT AUSGEBAUT UND FÜHREN ZU INTERESSANTEN SEHENSWÜRDIGKEITEN IN EINER TRAUMHAFTEN LANDSCHAFT ZWISCHEN WEIN UND RHEIN.

JETZT BEKOMMEN RADFAHRER ZUSÄTZLICHEN RÜCKENWIND – DURCH ELEKTROFAHRRÄDER. AN 16 STATIONEN, DIE ÜBER GANZ RHEINHESSEN VERTEILT SIND, KÖNNEN DIESE PEDELECS AUSGELIEHEN WERDEN. MIT IHNEN LASSEN SICH SPIELEND LEICHT UND OHNE SCHWEISSAUSBRUCH STRECKEN ZWISCHEN 40 UND 60 KILOMETERN SCHAFFEN. DENN DIE EIGENE MUSKELKRAFT WIRD DURCH DAS FAHRRAD ELEKTRISCH VERSTÄRKT. NUR FLIEGEN IST SCHÖNER!!

WIE WÄRE ES BEISPIELSWEISE MIT EINER GENUSSRADTOUR ENTLANG DES RHEINS VON NIERSTEIN BIS MAINZ UND ZURÜCK? ODER MIT RUNDTOUREN AB DER JEWEILIGEN VERLEIHSTATION? ODER MAN FÄHRT ENTLANG DER OBSTROUTE, AUF DEM MÜHLEN- ODER DEM SELZTALRADWEG. DER WEG IST MIT DEM ELEKTROFAHRRAD DAS ZIEL. DIE RHEINHESSEN-TOURISTIK HÄLT EINE INFOBROSCHÜRE MIT RADTOURVORSCHLÄGEN SOWIE EINE LISTE MIT DEN 16 VERLEIHSTATIONEN BEREIT.

▶ **INFO:**

RHEINHESSEN-TOURISTIK GMBH
FRIEDRICH-EBERT-STR. 17, 55218 INGELHEIM AM RHEIN
📞 06132/4417-0
@ INFO@RHEINHESSEN.INFO
@ WWW.RHEINHESSEN.INFO
VORANMELDUNG ERFORDERLICH

▶ **KOSTEN:**

20 EURO PRO FAHRRAD UND TAG ODER 15 EURO FÜR EINEN HALBEN TAG
KINDERSITZE BITTE BEI DER JEWEILIGEN VERLEIHSTATION ANFRAGEN.

Baden
&
Bummeln

Mit 7,3 km/h auf

WIESBADEN

Bad mit Fernsicht

Hoch über der Stadt, auf dem Neroberg, liegt eines der schönsten Freibäder weit und breit. Den Wald und seine angenehme Kühle im Rücken, Weinberge im Vordergrund, genießt der Besucher einen herrlichen Ausblick auf Wiesbaden und weit hinein ins Rhein-Main Gebiet. Das denkmalgeschützte Bad im Bauhausstil wurde in den 30er-Jahren errichtet, verfügt über ein Schwimmbecken mit stets angenehm temperiertem Wasser von mindestens 24 Grad und eine Gastronomie, die weit mehr bietet als die übliche Currywurst mit Pommes. Außerdem: Finnische Sauna im Eintrittspreis enthalten.

INFORMATIONEN

AUSKUNFT
Opelbad
Neroberg
65193 Wiesbaden
☎ 0611/1746499-0
@ opelbad@wiesbaden.de
@ www.wiesbaden.de/baeder

ANFAHRT
▶ Aus Frankfurt/Rüdesheim: A 66 bis Schiersteiner Kreuz, dann Abfahrt Innenstadt.
▶ Aus Mainz/Bingen: über die Schiersteiner Brücke Richtung Innenstadt; jeweils bis zum 1. Ring, dort links auf B 417 Richtung Limburg; an der Ampel Unter den Eichen rechts, dann 1. Möglichkeit links.
▶ Beschilderung Neroberg folgen.
▶ Parkplatz am Schwimmbad.
▶ Das Bad ist auch mit der Nerobergbahn (▶ Seite 39) zu erreichen.

Seit 1888 bummelt die Nerobergbahn auf den Neroberg. Sie ist heute die einzige noch funktionierende Drahtseil-Zahnstangenbahn Deutschlands. Hier kann man die Vergangenheit sozusagen live erleben, wenn man ganz gemächlich auf den Neroberg rumpelt wie vor über 100 Jahren.

Die Nerobergbahn in Aktion.

Der Neroberg mit seinen 245 Metern über dem Meeresspiegel ist der Hausberg der Wiesbadener. Seine Höhe macht nicht schwindelig – höchstens vor Glück. Zum Glücksgefühl trägt bei, dass man auf den Neroberg ohne Hektik, Gestank und Lärm gelangen kann, mit der Nerobergbahn, der einzigen fahrtüchtigen mit Wasserballast angetriebenen Drahtseil-Zahnstangenbahn Deutschlands. Klingt kompliziert, doch das System ist recht einfach, und umweltschonend dazu. Die Bahn besteht aus zwei Wagen, die über ein Drahtseil miteinander verbunden sind. Ein Wagen wird in der Bergstation mit bis zu 7.000 Liter Wasser gefüllt. Werden seine Bremsen gelöst, zieht die Schwerkraft den Wagen nach unten. Über die Seilverbindung wird der andere Wagen gleichzeitig nach oben gezogen. Die Wagen fahren auf Schienen, in deren Mitte eine Zahnstange verläuft, in die die Zahnräder der beiden Bahnen ständig einhaken. Dadurch kann zuverlässig und sofort gebremst werden. In der Talstation wird das Wasser abgelassen und wieder auf den Neroberg hinaufgepumpt, um den Zwillingswagen, der oben wartet, zu beladen. Dann geht das Spiel von vorne los. Dreieinviertel Minuten dauert die Fahrt, während der man einen wunderbaren Ausblick über die Stadt genießen kann. Alle 15 Minuten fährt die Nerobergbahn – und das zuverlässig. Nur vor Jahren haben gewichtige schwäbische Bauersfrauen die Arithmetik durcheinander gebracht. Die Wassermassen im Tank des nach untern fahrenden Wagens reichten nicht aus, um die Frauen über das steilste Stück der Strecke nach oben zu ziehen, so hingen sie in der

Wiesbadens Hausberg

Mitte der Strecke fest. Erst durch das beherzte Nachschieben des zu Hilfe geeilten Bahnleiters siegte die Schwerkraft schlussendlich und die Frauen kamen auf dem Neroberg an. Diese und andere Geschichten erfährt man in dem kleinen Museum an der Talstation, das der „Verein der Freunde und Förderer der Nerobergbahn" eingerichtet hat. Dort ist auch Dieter Sahm engagiert, der zugleich Betriebsleiter der Bahn ist. Er hat seine Liebe zur Nerobergbahn zum Beruf gemacht. „Denn hier kann nur arbeiten, wer mit Herzblut dabei ist", meint er. Oft wurde in den vergangenen 100 Jahren über eine Schließung der Bahn nachgedacht, da der Betrieb nicht ganz billig ist. Doch viele Bürger hatten sich stets für das Wahrzeichen Wiesbadens stark gemacht. „Damit dieses einmalige historische Zeugnis nicht nur erhalten, sondern auch in Betrieb bleibt", sagt Dieter Sahm. Der Verein lässt sich einiges einfallen: Halloween-Fahrten für Kinder oder das Nerobergfest im Mai beispielsweise. Seit einiger Zeit kann auch in den Wagen der Nerobergbahn standesamtlich geheiratet werden. Gestoppt wird dann mitten auf der Strecke am schönsten Aussichtspunkt.

Doch auch ganz ohne großes Ereignis sind die Fahrt und der anschließende Aufenthalt auf dem Neroberg ein Erlebnis. Oben angekommen, kann man vom Aussichtstempel die Silhouette von Mainz auf der anderen Rheinseite erkennen. Danach lohnt ein Bummel in die nur wenige Meter entfernte Russische Kapelle. Herzog Adolf hat sie Mitte des 19. Jahrhunderts als Gruftkirche für seine Frau, Großfürstin Elisabeth Michaelowna, bauen lassen.

Pausieren kann man auf den Grünflächen oder in der Gastronomie direkt oberhalb der Bergstation der Nerobergbahn. Ein Spaziergang durch den Wald bietet Abkühlung ebenso wie der Besuch des Opelbades (▶ links). Und wer schwindelfrei ist, sollte unbedingt einen Abstecher zum Klettergarten (▶ Seite 58) machen.

INFORMATIONEN

AUSKUNFT

▶ Nerobergbahn
Wilhelminenstraße 51
65191 Wiesbaden
☎ 0611/2368500
@ www.nerobergbahn.de

ANFAHRT

▶ Aus Frankfurt/Rüdesheim: A 66 bis Schiersteiner Kreuz, dann Abfahrt Innenstadt.
▶ Aus Mainz/Bingen: über die Schiersteiner Brücke Richtung Innenstadt.
▶ Jeweils bis zum 1. Ring dort links auf B 417 Richtung Limburg; an der Ampel Unter den Eichen rechts, dann 1. Möglichkeit links der Beschilderung folgen.

Bad und

Der Ausblick ist einmalig, das Wasser stets sauber, es ist nie zu voll und zu laut. Das Bingerbrücker Naturbad ist nicht nur eines der schönsten Bäder der Region, es vereint die Vorteile eines herkömmlichen Schwimmbades mit denen eines Badesees.

WÖRRSTADT

Klein, aber fein

Das Neubornbad liegt idyllisch in einer Talsenke auf halber Höhe zwischen Wörrstadt und dem Ortsteil Rommersheim. Es ist nicht groß, dafür aber umso schöner. An das Schwimmbad grenzt das Naherholungsgebiet Neuborn. Von der Liegewiese aus hat man einen herrlichen Blick auf Wiesen und Weinberge. Das Freibad wird mit Quellwasser versorgt und mit Solarenergie geheizt. Es gibt ein großes Becken für Schwimmer und ein Erlebnisbecken für Nichtschwimmer mit einer 38,5 Meter langen, gelben Rutsche. Die Kleinsten amüsieren sich im Kleinkinderbecken mit Bachlauf und Wasserpilz.

INFORMATIONEN

AUSKUNFT
*Verbandsgemeindewerke Wörrstadt
- Eigenbetrieb Neubornbad -
Zum Römergrund 2–6
55286 Wörrstadt
☎ 06732/8148
@ www.vgwoerrstadt.de
ℹ Mai–Sep., tgl. 9–20 Uhr.
Außerdem Mo.–Fr., 6.30–8 Uhr für Frühschwimmer.*

ANFAHRT
*▶ A 63 Abfahrt Wörrstadt, nach Wörrstadt; weiter Richtung Wörrstadt-Rommersheim; das Neubornbad liegt auf halber Strecke zwischen Wörrstadt und Rommersheim, linker Hand (aus Wörrstadt die Verlängerung der Rommersheimer Straße);
▶ Parkplätze am Schwimmbad.*

Das Wasser schimmert grün, Libellen huschen über glitzernde Wellen, am Ufer wachsen blühende Büsche und Schilfrohr und über Kieselsteine fällt der See auf den ersten Metern seicht ins Trübe ab. Bis zum Bauch sitzen Badegäste hier im Wasser und halten ein entspanntes Schwätzchen. Andere sonnen sich auf einer der Holzbrücken, die wie Bootsanleger in den See hineinragen. Im ersten Moment fühlt sich hier alles an wie an einem ganz normalen Badesee. Trotzdem: Duschen, Umkleidekabinen, Kleiderspinde, eine Pommesbude, die gepflegten Liegewiesen und der aufmerksame Bademeister zeigen an, dass es sich hier oben auf der Elisenhöhe um ein reguläres Schwimmbad handelt. Allerdings um ein „Naturschwimmbad" – das heißt, das Wasser ist nicht gechlort, sondern wird durch ein ausgeklügeltes System aus vier verschiedenen Regenerationsteichen immer aufs Neue biologisch gefiltert, frisch gehalten und dem Schwimmbecken schließlich wieder zugeführt. Das ist nicht nur viel günstiger als der Betrieb eines konventionellen Schwimmbades (was sich übrigens deutlich auf den Eintrittspreis auswirkt), es ist auch umweltschonender! Damit die sehr gute Qualität des Wassers dauerhaft gewährleistet bleibt, sind pro Tag nicht mehr als 1.500 Badegäste zugelassen. Sicherheitshalber empfiehlt sich deshalb, besonders an heißen Tagen während der Schulferien, ein Anruf an der Pforte. Weiterer Vorteil der Besucherbegrenzung: Im 50 Meter langen und etwas über zwei Meter tiefen Hauptbecken wird es nie zu eng. Besondere Attraktion für Wasserratten ist der große Sprungfelsen in der Mitte des Sees – hier ist das Wasser vier Meter tief. Natürlich wurde auch an Nichtschwimmer gedacht, für die an beiden Enden des Sees ein großzügiger, etwa ein Meter tiefer Bereich abgetrennt wurde. Für die ganz Kleinen haben die Erbauer des Naturbades einen strandähnlichen Sandkasten sowie ein Planschbecken mit Springbrunnen angelegt und zum Schutz vor zu viel Sonne mit bunten Segeltuchbahnen überspannt. Wer etwas Abstand zum Betrieb im Wasser sucht, der findet auf dem weitläufigen Gelände ausreichend Rückzugsmöglichkeiten unter Schatten spendenden Bäumen. Terrassenartig erstrecken sich die vier übereinander angelegten Liegewiesen im Halbkreis um das Bad, so dass selbst bei Hochbetrieb zwischen den Handtüchern der Badegäste genügend Platz für Privatsphäre bleibt. Hat man ein schönes Plätzchen gefunden, erschließt sich dem Gast sogleich der nächste Pluspunkt des Bingerbrücker Bades – die herrliche Aussicht! Weit reicht der Blick von hier oben über den Rhein, der als breites, silbriges Band, aus Mainz kommend, auf das

See in einem

Binger Loch zufließt. Großartig das Panorama; Bingen und der Rochusberg auf der einen Seite, die Weinberge des Rheingaus auf der anderen. Rüdesheim, das Niederwalddenkmal und die mächtigen Mauern des ehemaligen Klosters der Heiligen Hildegard. So stellt man sich einen perfekten Sommertag vor: In der Sonne liegen, schauen, Schiffe zählen und den lieben Gott einen guten Mann sein lassen.

INFORMATIONEN

AUSKUNFT

Naturerlebnisbad Bingerbrück
Wilhelm-Bäumer-Weg
55411 Bingen Bingerbrück
☎ 06721/32735
@ www.bingen.de
1 Während Badesaison tgl. 10–20 Uhr.

ACHTUNG

Auf jeden Fall vor dem Besuch
anrufen, ob das Bad in Betrieb ist
☎ 06721/32735.

ANFAHRT

▶ Aus Mainz: A 60 bis Bingen/Ost
Richtung Bingen/Zentrum: An der
Ampel weiter B 9 Richtung Koblenz/
St. Goar.
▶ Aus Alzey: A 61 bis Bingen/Mitte;
weiter B 9 Richtung St. Goar.
▶ Jeweils an der Ortseinfahrt
Bingerbrück erste Möglichkeit
rechts abbiegen, dann links, danach
Vorfahrtsstraße bis Beschilderung
Naturschwimmbad folgen.
▶ Parkplätze am Schwimmbad.

Relaxen im Naturbad Bingerbrück.

„Hier stehe ich.

Worms war im Mittelalter eine bedeutende Stadt gewesen. Davon zeugen noch heute Dom und Lutherdenkmal. Letzteres erinnert daran, dass sich der Reformator auf dem Wormser Reichstag zu seinem Wort bekannt hat. Wichtig sind auch die Nibelungen. Die meisten Szenen des Heldenepos spielen hier. Gründe genug, die Stadt am Rhein zu entdecken.

Einen Spaziergang durch die Geschichte von Worms beginnt man am besten am Dom. Er ist bei der Anfahrt schon von Weitem als Mittelpunkt der Stadt zu erkennen. In der Nordwestecke des Dombezirks, im Heylshof, steht auf einer Tafel geschrieben, was den Besucher in dieser im Mittelalter so bedeutenden Stadt erwartet: „Hier ist eine der denkwürdigsten Stätten des Abendlandes. Hier war der heilige Tempelbezirk der Römer, die Königsburg der Nibelungen, die Kaiserpfalz Karls des Großen, der Hof des Fürstbischofs von Worms ..., mehr als 100 Reichs- und

Fürstentage fanden hier statt. Hier stand vor Kaiser und Reich Martin Luther."

Die Ursprünge des Wormser Domes reichen in die frühchristliche Epoche zurück. Unter Bischof Burchard (1000 – 1025) wurde ein neuer, frühromanischer Dom errichtet, der bereits die Ausmaße des heutigen Domes hatte. Im 12. Jahrhundert setzte die große Erneuerung in hoch- und spätromanischen Formen ein. Bevor man den Dom durch das Südportal betritt, sollte man sich Zeit nehmen und die Domfassade genauer betrachten. In den Bogenläufen des großen Portals beispielsweise ist die Heilsgeschichte in Stein gehauen, als eine Art Comicstrip sozusagen, da das einfache Volk die lateinischen Messen nicht verstand.

Hagendenkmal am Rhein in Worms.

Natürliches Badevergnügen

Der Badesee im Wormser Stadtteil Herrnsheim befindet sich innerhalb einer kleinen mit Bäumen umsäumten Anlage. Die ehemalige Kiesgrube wird seit den 50er-Jahren als Bade- und Fischgewässer genutzt und misst an ihrer tiefsten Stelle etwa vier Meter. Die Wasserqualität des Sees wird regelmäßig überprüft, und im Sommer wacht eine Badeaufsicht über die Schwimmer. Neben einem Kiosk sind auch Umkleidekabinen und Toiletten vorhanden. Die Ufer sind flach und sandig, Liegewiesen umgeben den See. Auf Anfrage darf auch gegrillt werden.

INFORMATIONEN

AUSKUNFT
▶ Heimatkreis Herrnsheim e.V.
Dr. Jürgen Breuer
✆ 06241/955247
▶ Tourist Information Worms
Neumarkt 14
67547 Worms
✆ 06241/25045
✆ 06241/26328
@ www.worms.de

ANFAHRT
▶ Aus Mainz: über die B 9 Richtung Nierstein/Oppenheim/Worms bis Abfahrt Worms-Herrnsheim (der See liegt am Ortseingang rechts).
▶ Aus Bingen/Alzey: A 61 bis Abfahrt Worms/Mörstadt, weiter L 425 Richtung Osthofen; nach zirka vier Kilometern rechts Richtung Herrnsheim (links halten Richtung Ortsausgang).

„Ich kann nicht anders!"

Der Dom St. Peter in Worms.

INFORMATIONEN

AUSKUNFT
Tourist Information
Neumarkt 14
67547 Worms
☎ *06241/25045*
@ *www.worms.de*
@ *touristinfo@worms.de*

▶ *Es werden zahlreiche Themen-*
Führungen angeboten, die individuell
gebucht werden können. Infos dazu
bei der Tourist-Info und im Internet.
▶ *Regelmäßige Führungen:*
▶ *Zu Fuß durch zwei Jahrtausende:*
🗓 *April–Okt., Sa. 10.30 Uhr und So.*
14 Uhr, Treffpunkt Dom Südportal.
▶ *Dom:*
🗓 *April–Okt., Sa. 14 Uhr, Mai–Okt.,*
Mo.–Fr: 14 Uhr (Sommerpause wä-
rend der Festspiele), Treffpunkt Dom
Südportal.
▶ *Auf den Spuren der Nibelungen:*
🗓 *Während der Nibelungenfestspiele*
täglich 16 Uhr, Treffpunkt Dom
Nordportal.

ANFAHRT
▶ *Aus Mainz: A 63 bis Kreuz Alzey und*
weiter A 61 Richtung Ludwigshafen/
Worms.
▶ *Aus Bingen/Alzey: A61 Richtung*
Ludwigshafen/Worms.
▶ *Jeweils bis Abfahrt Worms-Zentrum.*
▶ *Öffentliche Parkplätze sind ausge-*
schildert.

Über allem thront die siegreiche Kirche (Ecclesia), dargestellt als Frau, die auf einem Tetramorph reitet, einem Tier, das sich aus Adler, Löwe, Stier und Mensch (den Zeichen der vier Evangelisten) zusammensetzt und als einzigartig in der europäischen Kunstgeschichte gilt. Im Innern des ehrwürdigen Gebäudes fällt sofort der barocke Altar ins Auge. Er wurde 1689 von Balthasar Neumann erbaut, nachdem Dom und Stadt zuvor von den Franzosen im pfälzischen Erbfolgekrieg niedergebrannt worden waren. Einen Blick sollte man auch auf die bunten Kirchenfenster gleich rechter Hand vom Eingang werfen. Hier sind wichtige Stationen und Personen der Stadtgeschichte verewig. Unter anderem auch Martin Luther, der sich am 16. April 1521 auf dem Wormser Reichstag zu seinen damals umstrittenen Schriften bekannt hatte „Hier stehe ich. Ich kann nicht anders", soll er gesagt haben. Dieser Tag markiert einen Wendepunkt in der europäischen und einen Höhepunkt in der Wormser Geschichte, die Kirchenspaltung war danach nicht mehr aufzuhalten.

Vom Ausgang des Heylshofes an der Stephansgasse aus sieht man bereits die Parkanlage, in der die Wormser dem Reformator ein Denkmal gesetzt haben – das größte seiner Art in Europa.

Dass der Dichter des Nibelungenliedes Worms zur Hauptstadt von Burgund gemacht hat und somit die Geschichte um Siegfried den Drachentöter, Hagen und die zerstrittenen Königinnen Brunhild und Kriemhild hier spielt, wird einem beim Bummel durch die Stadt auf Schritt und Tritt bewusst. Nicht nur, dass an vielen Hausfassaden Feuer speiende Drachen angebracht sind, die Wormser haben den Nibelungen auch ein Museum gewidmet (▶ Seite 98). Man erreicht es über Stephansgasse und Petersstraße Richtung Rhein. Dort, am Ufer, ist ein riesiger Hagen gerade dabei, mit finsterer Miene den Nibelungenschatz im Rhein zu versenken. Ob es allerdings tatsächlich an genau dieser Stelle war, wird wohl ewig sein Geheimnis bleiben!

Schwitzen wie

Bummel durchs Schiffchen

Wer in Wiesbaden Station macht, sollte sich einen Bummel durch die Altstadt (zwischen Weber-, Lang- und Kirchgasse sowie Friedrich- und Wilhelmstraße) nicht entgehen lassen. Schmale, verwinkelte Gässchen sind von Häusern des 18. und 19. Jahrhunderts gesäumt. Ganz besonders interessant sind die Grabenstraße und die parallel verlaufende Wagemannstraße. Diese beiden Straßen werden im Volksmund „Wiesbadener Schiffchen" genannt. Der Grund erschließt sich erst aus der Vogelperspektive: Das in sich geschlossene Gebiet hat die Form eines Schiffes. Das Ensemble aus historischen Altstadthäusern ist heute ein Kneipenviertel.

INFORMATIONEN

AUSKUNFT

Wiesbaden Tourist Information
Marktplatz 1
65183 Wiesbaden
0611/1729930
@ tourist-service@wiesbaden.de
@ www.wiesbaden.de

ANFAHRT

▶ Aus Frankfurt/Rüdesheim: A 66 bis Schiersteiner Kreuz, dann Abfahrt Innenstadt.

▶ Aus Mainz/Bingen: über die Schiersteiner Brücke Richtung Innenstadt.

▶ Jeweils bis zum 1. Ring, dort rechts bis Bahnhof, dann links Richtung Markt und Landtag.

▶ Parkmöglichkeiten beispielsweise Parkhaus am Markt.

„Mens sana in corpore sano" – „In einem gesunden Körper wohnt ein gesunder Geist". Das war das Motto der Römer, die bereits vor 2000 Jahren die heilende Wirkung der Thermalquellen entdeckten, die in Wiesbaden sprudeln. Auch heute kommen sie dem Erholungsuchenden zugute – in der Kaiser-Friedrich Therme.

Entspannung pur: Die Kaiser Friedrich Therme.

die Römer

Eine Sauna kann man mittlerweile in jeder größeren Stadt finden, aber nirgends lässt es sich so stilvoll entspannen wie in der Kaiser-Friedrich-Therme in Wiesbaden. Der Badepalast wurde 1913 eröffnet. Bei der Restaurierung 1998/1999 konnte das Ambiente des denkmalgeschützten Irisch-Römischen Bades erhalten werden. So bekommt der heutige Besucher eine Vorstellung vom Glanz vergangener Tage, als Wiesbaden noch Weltkurstadt war. Schließlich zogen die heilenden Quellen so berühmte Besucher wie Johann Wolfgang von Goethe, Richard Wagner, Johannes Brahms oder Fjodor Dostojewski in die Stadt. Die Kaiser-Friedrich-Therme wird von der Adlerquelle gespeist. Im Thermalsitzbecken entfaltet das Wasser seine Wirkung bei einer Temperatur von 37 und 39 Grad.

Die Saunalandschaft der Therme erstreckt sich auf insgesamt 1.450 Quadratmetern. Hier kann man einem jahrhundertealten Ritual frönen: dem Irisch-Römischen Bad. Es ist eine Kombination aus Warmluft, Wasser und Dampf. Dafür stehen Saunen mit so wohlklingenden Namen wie Tepidarium, Sudatorium und Sanarium sowie das Russische Dampfbad zur Verfügung. Stufenweise wird der Körper erwärmt und abgekühlt. Gepaart mit einer Massage, sorgt dieses Ritual für körperliche und geistige Entspannung. Natürlich können die Gäste auch nach ihrem eigenen Rhythmus und ihren eigenen Vorlieben saunieren. In der finnischen Sauna beispielsweise, in der es Aufgüsse gibt, und im Steindampfbad. In diesem Dampfbad kann der Saunabesucher zusehen, wie sich ein Gefäß mit heißen Steinen hebt und mit einem Zischen ins kalte Wasser eingetaucht wird. Luftfeuchtigkeit und Raumtemperatur steigern sich so langsam und sorgen für ein immer wohligeres Körpergefühl. Abkühlung gibt es im Frischluftraum Frigidarium und unter dem Tropischen Eisregen, wo aus Düsen Eiswasser, gemischt mit warmem Wasser, schießt. Erholung findet man auch im Herzstück der Therme, dem historischen Schwimmbecken. Es wurde in Dekor und Farbe des späten Jugendstils restauriert. Von hier aus hat man die wertvollen Keramiken und Fresken, die das Badehaus schmücken, am besten im Blick. Man fühlt sich wie in einem antiken Prachtbau. Geruht wird danach im Lumenarium, wo Lichtpunkte am Deckengewölbe beständig ihre Farbe wechseln.

Danach ist es an der Zeit, sich ins untere Stockwerk der Kaiser-Friedrich-Therme zu begeben. Hier werden kosmetische Behandlungen sowie Massagen angeboten. Ein besonderes Vergnügen ist der Besuch des Rasul-Bades. Dabei wird der Körper mit Schlamm eingerieben, die Haut wunderbar gepeelt. Vor allem in der kalten Jahreszeit ist ein Sandbad wärmstens zu empfehlen. Der warme Sand und tageslichtähnliche Beleuchtung lassen Winterdepressionen verfliegen. Bei den sogenannten Softpack-Anwendungen wird der Körper mit Rügener Kreide, Nachtkerzenöl oder Algenpackungen eingerieben. Die Anwendungen im Untergeschoss kosten allerdings extra. Ein Besuch der Kaiser-Friedrich-Therme kann gut mit einem Bummel durch die Wiesbadener Innenstadt kombiniert werden, denn das Badehaus liegt mitten in der Fußgängerzone. Auch ein spontaner Besuch ist möglich: Bademantel und Handtücher gibt es gegen Leihgebühr.

INFORMATIONEN

AUSKUNFT

Kaiser Friedrich Therme
Langgasse 38–40
65183 Wiesbaden
☎ 0611/317060
@ kft@wiesbaden.de
@ www.wiesbaden.de/baeder
🕐 Sep.–April tägl. 10–24 Uhr,
Mai–Aug. 10–22 Uhr

ANFAHRT

▶ Aus Frankfurt/Rüdesheim: A 66 bis Schiersteiner Kreuz, dann Abfahrt Innenstadt.
▶ Aus Mainz/Bingen: über die Schiersteiner Brücke Richtung Innenstadt; jeweils bis zum 1. Ring, dort rechts bis Bahnhof, dann links Richtung Markt und Landtag;
▶ Parkmöglichkeit: Parkhaus am Markt (Die Therme liegt am Ende der Fußgängerzone).

Schwimmen,

Schwimmen, Sauna, Fitness, Essen – das Regionalbad Rheinwelle hat mit den tristen Hallenbädern von früher gar nichts mehr gemein. Das Schöne daran ist, dass Sportler, Familien mit Kindern und Erholungsuchende hier ihren Tag verbringen können, ohne sich gegenseitig auf die Nerven zu gehen.

Wer die Nachahmung exotischer Badewelten und grinsende Animateure in Hawaii-Hemden erwartet hat, wird enttäuscht sein. Die Rheinwelle kommt mit rheinhessischer Bescheidenheit daher, aber trotzdem kein bisschen langweilig. Hell ist es hier, freundlich und fröhlich. Große Panoramafenster erlauben den freien Blick auf die weitläufigen Obstfelder zwischen Ingelheim und Gau-Algesheim. Diese Großzügigkeit gehört zum Konzept des Bades und setzt sich überall in seinem Innern fort. So haben die Erbauer offene, ineinander übergehende Bereiche geschaffen, die in unterschiedlichen Farben und mit verschiedenen Materialien gestaltet wurden. Mal sind es verschiedene Blautöne, die dem „Spaßbereich" einen Anstrich von Unterwasserwelt geben, mal verströmen erdfarbene Natursteinböden und Wände in der Wellness-Abteilung eine angenehme Wärme, mal sorgen klare Formen und gradliniges Design in der Ruhezone für Harmonie.

Naturteich im Außenbereich.

Die meisten Gäste kommen allerdings zum Schwimmen in die Rheinwelle – und sie haben die Wahl. Zum Beispiel das Sportschwimmbecken mit sechs Bahnen, 25 Meter Länge, einer Wassertiefe bis zu 3,80 Meter und einer Reihe von Sprungbrettern. Außerdem ver-

MAINZ-KOSTHEIM

Baden in Rheinnähe

Welches Schwimmbad kann schon von sich behaupten, von der Liegewiese aus den Blick auf Rhein und Main freizugeben? Das Freibad Maaraue kann es, denn es liegt in einem Naturschutzgebiet genau an der Mainmündung in den Rhein. Das hat nicht nur den Vorteil einer äußerst attraktiven Aussicht, es weht auch ein angenehmes Lüftchen herüber zur riesigen Liegewiese. Auf rund 71.000 Quadratmetern ist dann auch noch viel Platz für ein großes Schwimmbecken mit Sprungbucht, ein weiteres mit einer extra breiten Rutsche und zwei Planschbecken. Dazu kann Beachvolleyball, Basketball oder Tischtennis gespielt werden.

INFORMATIONEN

AUSKUNFT
Freibad Maarau
Maaraue 27
55246 Mainz-Kostheim
☎ 06134/603340
@ www.wiesbaden.de
🕐 9–20 Uhr (Hauptsaison).

ANFAHRT
▶ Aus Frankfurt/Wiesbaden:
A 66 bis Mainz-Kastel;
weiter Mainz/Theodor-Heuss-Brücke;
▶ Aus Mainz: über die
Theodor-Heuss-Brücke.
▶ Jeweils im Kreisel Richtung Mainz-Kostheim; nach 500 Metern rechts Kostheimer Landstraße; nach 1,5 Km rechts Richtung Maaraue.
▶ Beschilderung folgen – großer Parkplatz am Schwimmbad.

Schwitzen, Spaß haben

fügt das Bad über ein Extra-Becken, in dem Nichtschwimmer-Kurse angeboten werden – auch für Erwachsene. Selbstverständlich gibt es für die ganz Kleinen ein lustiges Planschbecken. Der Clou für alle Wasserratten ist das so genannte Erlebnisbecken mit Strömungskanal, Kletterfisch und Kletterwand, von der man wunderbar „abstürzen" kann, und mit einer Riesenrutsche, die sich wie eine blaue Schnecke an der Außenfassade des Schwimmbades entlangwindet und die quietschenden Badegäste am Ende wieder ins Hallenbecken spuckt.

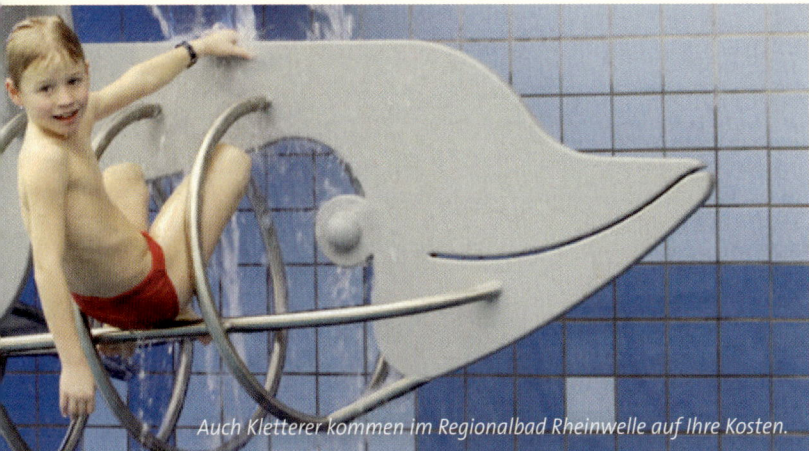

Auch Kletterer kommen im Regionalbad Rheinwelle auf Ihre Kosten.

Röhrenrutsche.

Wer zwischendurch etwas Erholung braucht, geht in den Whirlpool oder ins Natursolebecken im Freien. Das ist gesund, denn das warme salz- und mineralhaltige Wasser ist gut für die Haut, wirkt positiv auf Schleimhäute und regt die Durchblutung von Muskeln und Gelenken an.

Noch mehr Entspannung gibt es in der Saunalandschaft: Zwei finnische Saunen und ein Dampfbad im Innenbereich, eine 100-Grad-Aufguss-Sauna sowie eine Panorama- und eine Meditations-Sauna im Außenbereich. Abkühlung verschafft der Sprung in den 800 Quadratmeter großen Naturteich, um den herum Liege- und Ruheflächen im Sommer zum Sonnenbad einladen. Im Winter besonders beliebt ist der Ruhe- und Schlafraum mit knisterndem Kamin und von innen beheizten Wärmebänken. Um das Wohlfühlerlebnis perfekt zu machen, bietet die Rheinwelle allerhand Massage- und Kosmetik-Behandlungen an, darunter auch komplette Wellnesspakete mit Gymnastik, Massagen, Sauna und Baden inklusive. Übrigens: Wer nicht einfach nur mal eben so eine Runde schwimmen, sondern seinen Körper gezielt in Form bringen will, der sollte sich das Fitnesskurs-Angebot näher anschauen.

INFORMATIONEN

AUSKUNFT

▶ *Regionalbad Bingen-Ingelheim GmbH Sport und Freizeitbad rheinwelle Binger Straße 55435 Gau-Algesheim*

☎ *06725/3005-0*

@ *www.rheinwelle.com*

Täglich 10–23 Uhr/Einlass bis 22 Uhr (auch an Feiertagen geöffnet).

ANFAHRT

▶ *Sehr gute Busverbindungen von den Bahnhöfen Bingen und Ingelheim (teilweise stündlich – bitte Fahrpläne beachten).*

▶ *Über A 60 von Mainz oder Bingen bis Abfahrt Ingelheim/West – weiter Richtung Gau-Algesheim, nach dem Kreisel rechts Richtung Bingen.*

▶ *Beschilderung folgen.*

▶ *Parkplätze am Schwimmbad vorhanden.*

Das Leben am Strom

ES GIBT KEINEN ANDEREN DEUTSCHEN FLUSS, MIT DEM MAN SO VIELE MYTHEN UND SAGEN VERBINDET UND DER GLEICHZEITIG SO SEHR MIT KOLLEKTIVEN GEFÜHLEN ÜBERFRACHTET IST, WIE DER RHEIN. KEIN ANDERER FLUSS HAT SO VIELE MALER, DICHTER UND MUSIKER INSPIRIERT UND KEIN ANDERER FLUSS WAR IN BLUTIGEN SCHLACHTEN SO HART UMKÄMPFT. DER RHEIN IST NICHT NUR NAMENSGEBER FÜR DIE ANGRENZENDEN REGIONEN RHEINHESSEN UND RHEINGAU, VON JEHER HAT ER AUCH DAS LEBEN DER MENSCHEN IN DIESEN LANDSTRICHEN GEPRÄGT - DURCH SEINE FUNKTION ALS BEDEUTSAMER EUROPÄISCHER HANDELSWEG, MIT DEM DURCH IHN BEGÜNSTIGTEN WEINBAU-KLIMA ODER DURCH DIE VIELEN SCHLACHTEN UND ZERSTÖRUNGEN, DENEN DIE MENSCHEN AM GRENZFLUSS RHEIN IM LAUFE DER JAHRHUNDERTE IMMER WIEDER AUSGELIEFERT WAREN. DER SCHRIFTSTELLER CARL ZUCKMAYER AUS NACKENHEIM HAT DEN RHEIN SEINER HEIMAT ALS VÖLKERMÜHLE BESCHRIEBEN, ALS EINEN ORT, AN DEM SICH MENSCHEN AUS ALLEN HIMMELSRICHTUNGEN SCHON SEIT JAHRTAUSENDEN BEGEGNEN UND MITEINANDER VERMISCHEN. EIN WAHRHAFT EUROPÄISCHER GEDANKE! DOCH AUCH EINE MENGE VÖLKERHASS HAT SICH AN „VATER RHEIN" ENTZÜNDET, ALS IHN GRIMMIGE NATIONALISTEN ZUM VATERLÄNDISCHEN SYMBOL ERHÖHTEN UND SCHWOREN IHN BIS AUF DEN TOD GEGEN ANGREIFER ZU VERTEIDIGEN. HEUTE GEHT ES AN DEN UFERN DES STROMES LÄNGST WIEDER FRIEDLICH ZU.

GERADE IN DEN VERGANGENEN JAHREN HABEN DIE MENSCHEN LINKS UND RECHTS DES RHEINES IHREN FLUSS SOZUSAGEN NEU ENTDECKT. ÜBERALL SIND LOKALE, STRANDBÄDER, HAFENFESTE, CAMPINGPLÄTZE, SANDSTRÄNDE UND GRILLWIESEN DIREKT AM WASSER ENTSTANDEN. AN LAUEN SOMMERABENDEN KÖNNTE MAN MEINEN IRGENDWO IM SÜDEN GELANDET ZU SEIN. AUCH DIE ERNEUERUNG VIELER UFERANLAGEN UND PROMENADEN BELEGT: DAS LEBEN AM STROM UND MIT DEM STROM IST LEBENSWERT — SO WAR ES SCHON IMMER.

Sonnenuntergang in Rüdesheim.

Einblick
& Erlebnis

E B E R B A C H :

Unterwegs mit

Tief im Wald, im abgelegenen Kisseltal über dem Kloster Eberbach, grasen auf einer Weide seltsam zottelige Wesen. Ihr Anblick lässt einen unwillkürlich schmunzeln und an riesige Kuscheltiere denken: Lamas und Alpakas! Neugierig recken sie ihre langen Hälse und betrachten die Besucher der Kisselmühle mit freundlichen Kulleraugen.

R Ü D E S H E I M

Adler, Bussarde und Falken

Ein Anblick wie am Himmel eines fernen Landes: Seeadler und Geier, mit bis zu drei Meter Spannweite, ziehen hoch über dem Rhein ihre Kreise. Die mächtigen Raubvögel machen hier oben aber nur einen Ausflug. Sie gehören zur „Adlerwarte", der Auffang- und Pflegestation für Greifvögel am Niederwalddenkmal. Die Falkner betreuen rund 50 Tiere, die dort aufgezogen oder nach einer Verletzung wieder aufgepäppelt werden. Bei einem Rundgang kommt man ganz nah an die wunderschönen Habichte, Bussarde, Falken und Eulen heran. Gruppenführungen (bis 20 Personen) sind möglich, müssen aber vorher angemeldet werden.

INFORMATIONEN

AUSKUNFT
Adlerwarte Niederwald
Inh. Monika Döring
65385 Rüdesheim am Rhein
☎ 06722/47339
@ www.adlerwarte-niederwald.de

ANFAHRT
▶ Aus Frankfurt/Wiesbaden/Mainz:
Über A 66 Richtung Rüdesheim;
in Rüdesheim rechts in die
Grabenstraße, der Beschilderung
Niederwalddenkmal folgen.
▶ Die Adlerwarte befindet sich gleich
neben dem Niederwalddenkmal.
▶ Alternativ mit der Rüdesheimer
Seilbahn zum Niederwalddenkmal.

Lamakarawane unterwegs im Wald.

50 Go E I N B L I C K & E R L E B N I S

LAMA-TREKKING

sanften Riesen

Was aber machen diese südamerikanischen Hochlandbewohner hier bei uns? Im Rheingau? Nun, das kam so: Vor knapp 15 Jahren waren Alexandra und Frank Messing auf der Suche nach einem umweltverträglichen „Rasenmäher". Pferde oder Traktoren hätten die feuchten und steilen Wiesenhänge im Naturschutzgebiet an der Kisselmühle zu stark beschädigt. Bei den weichen Sohlen der „geländegängigen" Lamas und Alpakas kann das aber nicht passieren. Schnell hatte Familie Messing die sanftmütigen Neuwelt-Kamele in ihr Herz geschlossen. „Sie strahlen eine unheimliche Ruhe aus, und diese Gelassenheit überträgt sich auch auf den Menschen", sagt Alexandra Messing.

Äußerlich unterscheiden sich Lamas und Alpakas eher auf den zweiten Blick: Lamas sind größer und haben die typischen halbmondförmigen Ohren. Alpakas haben ein dichteres Fell und sind etwas scheuer. Inzwischen leben auf der Kisselmühle rund einhundert Tiere und damit eine der größten Herden Deutschlands. Ganz nah ran an ein Lama kommen Besucher bei einer Lama-Trekking-Tour durch die Umgebung.

Entscheiden kann man sich zwischen einer kurzen Schnuppertour für Familien und einer längeren Wanderung durch den Rheingau mit Picknick, einer Weinprobe bei einem Rheingauer Winzer oder einer Führung durch das Kloster Eberbach – auch im Winter, dann natürlich mit Glühwein im Gepäck. In jedem Fall erhalten die Teilnehmer zuerst eine Einführung über die Eigenheiten der Lamas und Alpakas, lernen etwas über ihre Klugheit und den Einsatz der einfühlsamen Lamas – ebenso wie der Delfine – in der Therapie behinderter Menschen.

Eine Frage, die natürlich immer gestellt wird: Wie ist das eigentlich mit dem Spucken? Alexandra Messing erklärt, dass Lamas durch Spucken ihre Artgenossen auf Distanz halten und dadurch die Rangordnung in der Herde klären. Dass Menschen angespuckt werden, kommt deshalb so gut wie nie vor. Nach der Lama-Theorie geht's zur Praxis auf die Weide, zur gemeinsamen Fütterung. Angst muss man dabei nicht haben. Die Vegetarier sind überhaupt nicht aggressiv und äußerst vorsichtig, ja fast zärtlich im Umgang mit den Menschen. Ein faszinierendes Erlebnis, besonders für Kinder. Spätestens wenn die Karawane sich dann in Marsch setzt, merken die Teilnehmer, wie sanft die „sanften Riesen" wirklich sind. Ohne Eile und ganz entspannt schaukeln die Lamas an den Leinen der Trekking-Teilnehmer durch den Wald. Auch unwegsames Gelände ist kein Problem, die Tiere machen alles mit, und man gewinnt den Eindruck, dass sie es wirklich gerne tun. „Man kann unheimlich schnell eine Beziehung zu den Tieren aufbauen", schwärmt Frank Messing.

Nach einer sehr entspannten Wanderung kehrt die Karawane zur Kisselmühle zurück. Vor dem Abschied gibt's im Hofladen der Familie Messing die Möglichkeit, kuschelige Pullover, Socken, Mützen oder Jacken aus Lama-/Alpakawolle zu kaufen. Erstaunlich: Die hochwertigen Fasern sind Wasser abweisend und ungewöhnlich belastbar. Zu den Trekkingtouren sollte man sich unbedingt vorher anmelden.

INFORMATIONEN

AUSKUNFT

Alexandra und Frank Messing
Kisselmühle
65346 Eltville
☎ 06723/87360
@ www.kisselmuehle.de

ANFAHRT

▶ A 66 Richtung Rüdesheim, Ausfahrt Eltville/Kiedrich (2. Ausfahrt Eltville); dann immer der Beschilderung Kloster Eberbach folgen (braunes Schild).
▶ An der zweiten Einfahrt zum Kloster geht links ein geschotterter Waldweg ab – zirka 1,5 km bis zur Kisselmühle.

Wie die Perlen in

Henkell in Wiesbaden ist eine der traditionsreichsten Sektkellereien Deutschlands. Heute werden hier täglich alleine 100.000 Flaschen „Henkell Trocken" abgefüllt. Bis es so weit war, musste ein langer Weg zurückgelegt werden. Wissenswertes über Henkell und die Kunst der Sektproduktion erfährt der Besucher bei einer Führung.

MAINZ

Prickelnder Kupferberg

Seit mehr als 150 Jahren gibt es die Sektkellerei Kupferberg, hoch über der Stadt – eben auf dem Mainzer Kupferberg! Besucher können das Traditionshaus täglich besichtigen. Zum Beispiel die historischen Kelleranlagen. In sieben unterirdischen Etagen reihen sich 60 Räume aneinander. Eine Augenweide ist der zur Weltausstellung 1900 geschaffene „Traubensaal". Hauptthema in diesem Meisterwerk des Jugendstils: Trauben, Reben und Ranken. Wie Sekt hergestellt wird, erfährt der Besucher natürlich auch. Das alles bei einem Glas Sekt, denn schließlich will man auch schmecken, worüber man spricht.

INFORMATIONEN

AUSKUNFT

Sektkellerei Kupferberg
Kupferbergterrasse 17–19
55116 Mainz
☎ 06131/9230
@ www.kupferberg.de
Restaurant Kupferberg Terrassen ▶ S. 134

ANFAHRT

▶ Aus Bingen: A 60 Richtung
Frankfurt/Rüsselsheim.
▶ Aus Alzey: A 63 Richtung Mainz.
▶ Jeweils bis Autobahnkreuz Mainz/
Süd; weiter Richtung Mainz-Zentrum/
Uni Kliniken; Vorfahrtstraße folgen bis
▶ Parkhaus Kupferbergterrasse.

Bereits von der Autobahn aus sind sie zu sehen, die großen Lettern auf dem Dach der Firma: „HENKELL TROCKEN". Die erste Überraschung ist das Gebäude der Kellerei selbst, keine funktionale Produktionshalle, sondern ein im klassizistischen Stil gestaltetes, repräsentatives Bauwerk. Beim Betreten dann gleich die nächste Überraschung. In krassem Gegensatz zur gradlinigen Außenhülle steht der riesige Innenraum im verspielten Rokoko-Stil. Der sogenannte Marmorsaal aus dem Jahr 1928 erschien Otto, dem Enkel des Firmengründers Adam Henkell, der mondänen Welt des Sektes angemessener. Von hier führt eine lange Treppe über hunderte Stufen in den sieben Stockwerke tiefen Weinkeller, wo der Besucher in die Geheimnisse der Sektherstellung eingeweiht wird. Schließlich wird sich jeder schon gefragt haben, wie die Perlen in den Sekt kommen. Antwort: Mithilfe von Hefe und Zucker. Sie werden einer Komposition aus verschiedenen Weinen (Cuvée) zugesetzt. Durch die Hefebakterien wird Zucker in Alkohol und Kohlensäure umgewandelt. Man kann verstehen, dass es gut ist, wenn dieser Vorgang in einem druckfesten Stahlbehälter abläuft. Schließlich entwickelt die Kohlensäure einige „Sprengkraft". Die Sektpioniere hatten damit so ihre Schwierigkeiten, manchmal ging die Hälfte der Flaschen bei der Produktion zu Bruch. Eine Flasche muss einem Druck von rund 3,5 Bar standhalten, ein Autoreifen „nur" rund 2,5 Bar. Erst die Erfindung des Korkverschlusses und stabiler Flaschen machten die Sektproduktion zu einem gewinnbringenden Wirtschaftszweig. Früher gärte der Sekt in Flaschen, heute ist diese Methode meist durch die Fassgärung abgelöst.

Von den Mühen, die zum Gelingen eines guten Sekts führen, soll der Sekttrinker natürlich nichts spüren, wenn beim Öffnen der Flasche die Kohlensäure in Perlen im Glas aufsteigt. Denn Sekt verkörpert, wie kaum ein anderes Getränk, Leichtlebigkeit und Lebenslust. Dazu hat auch die Werbung beigetragen, deren Bedeutung fürs Geschäft Otto Henkell in Amerika kennengelernt hatte. Das Wirtschaftswunder nach dem Zweiten Weltkrieg machte Sekt schließlich für jedermann erschwinglich, so dass er bis heute auf keiner Geburtstagsfeier, bei keiner Hochzeiten und in keiner Silvesternacht

die Flasche kommen

fehlen darf. Mittlerweile sind die Deutschen sogar Weltmeister im Sektverbrauch. Sechs Flaschen pro Jahr trinkt jeder Deutsche im Durchschnitt.

Das erklärt vielleicht auch das große Interesse an Führungen durch Sektkellereien sowie an Sekttagen und –nächten, wie sie Henkell in Wiesbaden regelmäßig feiert. Dann knallen die Sektkorken! Oder doch eher nicht? Sektkenner öffnen eine Flasche so vorsichtig wie möglich, denn wenn die Korken richtig knallen, gehen mindestens drei Gläser des perlenden Vergnügens verloren. Also den Korken vorsichtig entfernen und immer auf seine Ausrichtung achten, sonst muss womöglich doch der Kronleuchter dran glauben. Und noch etwas lernt man bei einer Kellereinführung: Sekt wird, anders als Wein, durch Lagerung nicht besser. Also immer schnell trinken!

AUSKUNFT

Henkell & Co. Sektkellerei KG
Biebricher Allee 142
65187 Wiesbaden
☏ 0611/630
@ www.henkell.de
@ willkommen@henkell-sektkellerei.de
ℹ Führungen werden montags bis donnerstags um 10 oder 14 Uhr angeboten, freitags um 10 Uhr. Bitte unbedingt anmelden.

ANFAHRT

▶ Aus Mainz/Bingen: Über die Schiersteiner Brücke; weiter A 66 Richtung Frankfurt.
▶ Aus Rüdesheim: A 66 Richtung Frankfurt; jeweils bis Abfahrt Wiesbaden-Biebrich; dann links auf die Biebricher Allee; Henkell befindet sich 100 Meter weiter rechts.

Marmorsaal der Firma Henkell.

Schnupperkurs im

Im sonnenverwöhnten Rheinhessen sind im Laufe der Jahrhunderte wunderbare Gärten entstanden: Bauern-, Nutz-, Kräuter- oder Mühlengärten. Die meisten sind in Privatbesitz. Hinein kommt man aber mit den Rheinhessischen Gartenführerinnen, die Touren, Gartenmärkte und Erlebnistage anbieten.

NIERSTEIN

Mit dem Traktor in die Weinberge

Einer der bekanntesten Weinberge Deutschlands liegt in Nierstein: der Rote Hang. Hier wachsen Spitzenrieslinge, was am mineralstoffreichen Rotschiefer-Boden liegt. Dazu kommen die steile Lage und eine Extraportion Sonnenlicht, das vom nahe gelegenen Rhein reflektiert wird. Wer etwas über den Roten Hang erfahren und die Gastfreundlichkeit der Niersteiner Winzer erleben will, der sollte sich zu einer Traktorfahrt durch die Rebenlandschaft anmelden. Das Programm kann individuell zusammengestellt werden, beispielsweise können die Fahrten mit Weinproben oder einer Winzervesper kombiniert werden.

INFORMATIONEN

AUSKUNFT

Gemeinde Nierstein
Bildstockstraße 10
55283 Nierstein
℡ 06133/960500
@ www.nierstein.de

ANFAHRT

▶ Aus Mainz: B 9 Richtung Nierstein/
Oppenheim.
▶ Aus Bingen: A 60 Richtung
Mainz/Rüsselsheim bis Abfahrt MZ-
Laubenheim, weiter Richtung B 9
Richtung Nierstein/Oppenheim.
▶ Aus Alzey A 63 bis Abfahrt Wörrstadt,
weiter B 420 Richtung Nierstein.

Wenn Anne Rahn in ihrem Bauern- und Kräutergarten mit Namen „majoRahn" im Wahlheimer Hof steht, dann ist sie in ihrem Element. Sie sprüht vor Begeisterung für diese und jene Blüte, kann sich berauschen an Duft und Aussehen der Zitronenverbene und ihre Begeisterung springt über auf die Besucher, die sich zum Gartenerlebnis unter dem Motto „Ein Sommertag im Kräutergarten" angemeldet haben. Kreuz und quer geht es durch den großen Garten, vorbei an wohlriechenden Kräuterbeeten und Schatten spendenden Bäumen, durch den Nutz- und Blumengarten.

Bei Anne Rahn gibt es aber nicht nur eine Führung, im Anschluss daran dürfen die Gäste die gerade kennengelernten Kräuter und Blüten zu Lebensmitteln verarbeiten. Gut, wer sich gemerkt hat, wo im Garten „majoRahn" was wächst und gedeiht, denn jetzt muss eine Gruppe Thymian und Rosmarin ernten, während die andere auf der Suche nach Dahlienblüten, Kapuzinerkresse und Ringelblumen ist. Nicht zu glauben, was man alles für die eigene Küche herstellen kann. Pizzaöl beispielsweise, das, ganz schnell zubereitet und in schöne Flaschen abgefüllt, auch etwas zum Verschenken ist. Kräutersalz, das Gemüse- und Fleischgerichten eine besondere Note gibt. Blütenbutter, für die alle essbaren, gesammelten Blüten mit Butter, rotem Basilikum, Pfeffer und Salz verrührt werden. In einem Schälchen angerichtet und mit einer Blüte garniert, ist die Butter nicht nur ein Genuss für den

Schnuppern erwünscht.

EINBLICK & ERLEBNIS

Gartenparadies

Schmackhafte Blüten und Kräuter.

Gaumen, sondern auch ein Augenschmeichler. Vom Sammeln, Verkorken, Abfüllen, Mixen, Schneiden und Rühren wird man hungrig und deshalb endet der „Garten er-Leben Tag" an einer großen Tafel. Jetzt wird ein kleines Kräutermahl gehalten. Natürlich gibt es die selbst gemachte Blütenbutter, die zu einem Blumentopfbrot aus dem Backofen von Anne Rahn wunderbar schmeckt. Die Gartenführerin hat auch Zucchini mit Kräutersalz vorbereitet. Dazu wird Kräuterjoghurt gereicht. Genau das richtige Essen an einem warmen Sommertag und es bleibt auch genügend Zeit der Gartenexpertin, die ausgebildete Staudengärtnerin ist, Löcher in den Bauch zu fragen. Zurück bleibt das gute Gefühl, einen Tag in der Natur verbracht zu haben. Die selbst hergestellten Leckereien, die jeder mitnehmen darf, halten die Erinnerung noch lange wach.

Die Interessengemeinschaft der Gartenführerinnen in Rheinhessen, neben Anne Rahn noch neun weitere Frauen, bietet aber nicht nur „Garten er-Leben Tage" an. Das Gartenjahr wird im April mit dem Markt in Oppenheim eröffnet. Daran schließen sich bis September regelmäßige Führungen in mehr als 60 Rheinhessischen Gärten in Privatbesitz an. Auch Privat- und Gruppenführungen sind auf Anfrage möglich. Wer es sportlicher mag, kann eine geführte Radtour von Garten zu Garten buchen. Und zweimal im Jahr gewähren die Tage der offenen Gärten und Höfe ein ganzes Wochenende lang Einblicke in Gartenparadiese in Rheinhessen (▶ Seite 18). Das Programm findet sich auf der Internetseite der IG-Gartenführerinnen.

INFORMATIONEN

AUSKUNFT

IG Gartenführer Rheinhessen
Anne Rahn
Wahlheimer Hof 22
55278 Hahnheim
☏ 06737/809788
@ www.offene-gaerten-rheinhessen.de
@ www.majorahn.de

ANFAHRT

▶ Aus Mainz/Alzey: A 63 bis Abfahrt Nieder-Olm/Saulheim; weiter nach Nieder-Olm; von dort über Sörgenloch weiter Richtung Hahnheim.
▶ Wahlheimer Hof liegt auf halber Strecke zwischen Sörgenloch und Hahnheim.
▶ Anfahrt zu den weiteren Veranstaltungen bitte der Internetseite entnehmen.

Wildromantisch: Nutz- und Blumengarten.

Die Kunst

WIESBADEN

Rien ne va plus

Das 1907 eröffnete Kurhaus in Wiesbaden gehört zu den schönsten Festbauten in Deutschland. Es beherbergt die weltberühmte Spielbank. Wer hier Roulette oder Black Jack spielt, befindet sich in bester Gesellschaft. Der russische Schriftsteller Fjodor Dostojewski beispielsweise verspielte hier ein Vermögen und verewigte seine Leidenschaft im Roman „Der Spieler". Daneben gibt es Säle (und Salons) unterschiedlichster Stilrichtungen sowie Restaurants. Das Kurhaus wird für Bälle, Konzerte und Kongresse genutzt. Ein unbedingtes Muss: der Spaziergang durch den mondänen und weitläufigen Kurpark.

INFORMATIONEN

AUSKUNFT

▶ Wiesbaden Tourist Information
Marktplatz 1
65183 Wiesbaden
☎ 0611/1729930
@ www.wiesbaden.de
▶ Spielbank Wiesbaden, Kurhausplatz 1
65189 Wiesbaden
☎ 0611/536100
@ www.spielbank-wiesbaden.de
🗓 tägl. Klassisches Spiel 14.40–4 Uhr
morgens, Automatenspiel
von 12 bis 4 Uhr morgens.

ANFAHRT

▶ Aus Frankfurt/Rüdesheim:
A 66 bis Schiersteiner Kreuz, weiter
Wiesbaden Innenstadt.
▶ Aus Mainz: Schiersteiner Brücke bis
Wiesbaden Innenstadt; am Kaiser-
Friedrich-Ring rechts bis Bahnhof, dort
links in Friedrich-Ebert-Anlage, ab hier
der Beschilderung folgen.

Hand aufs Herz: Wann sind Sie zum letzten Mal überrascht worden und haben sich verwundert die Augen gerieben? Wann haben Sie zum letzten Mal über sich selbst gestaunt? Besucher des „Erfahrungsfeldes zur Entfaltung der Sinne und des Denkens" sollten auf einen merkwürdigen und anregenden Tag gefasst sein!

Das hübsche Schlösschen liegt, von einem kleinen Wald umsäumt, inmitten eines Parks auf einer Anhöhe über Wiesbaden. Zunächst fällt nichts Ungewöhnliches auf, nur ein knallblauer Baumstamm vor dem Eingang scheint nicht so richtig ins vornehme Ambiente zu passen. Aber daran gewöhnt man sich besser gleich: Das Außerordentliche ist hier normal!

Kaum hat der Besucher das Schloss betreten, beginnt eine Entdeckungsreise in die Welt der eigenen Wahrnehmung. Es geht darum, sich die Routine, den täglichen Trott, die alten Gewohnheiten des eigenen Sehens und Hörens bewusst zu machen. Dann – versprechen die Macher der Ausstellung – vermag man scheinbar vertraute Dinge in einem neuen Licht zu sehen. Damit das gelingt, gibt es im Schloss und auf dem weitläufigen Gelände drum herum etwa 100 Experimentelle Stationen, Spielgeräte und Installationen. Ausprobieren, Hören, Sehen und Riechen sind ausdrücklich erwünscht. Die Erkundung des verwinkelten Schlosses führt sodann kreuz und quer über verschiedene Ebenen, durch kleine und große ineinander verschachtelte Räume und in ein schummriges Kellergewölbe. An einer der ersten Experimentier-Stationen steht der Besucher vor großen, rotierenden Farbscheiben. Schaut man ihnen eine Weile zu, entstehen verwirrende Muster und Farben, die allerdings nur im Kopf des Betrachters existieren. Eine Lehre daraus: Es gibt keine objektive Sichtweise, keine eindeutige Wahrheit.

des Begreifens

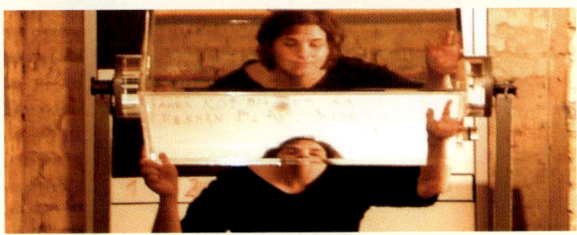

Experimentelle Stationen auf Schloss Freudenberg.

INFORMATIONEN

AUSKUNFT

Gesellschaft Natur & Kunst e.V.
Schloss Freudenberg
65201 Wiesbaden
☎ 0611/4110141
@ www.schlossfreudenberg.de
@ kontakt@schlossfreudenberg.de

ANFAHRT

▶ Aus Richtung Rüdesheim/Frankfurt:
A 66 bis „Schiersteiner Kreuz".
▶ Aus Mainz: A 643 über (Schiersteiner
Brücke); jeweils Richtung Wiesbaden
Innenstadt; Abfahrt Wiesbaden-
Dotzheim.
▶ Der Beschilderung „Horst-Schmidt-
Klinik" und „Schloss Freudenberg"
folgen.
▶ Für Navigationssysteme
„Freudenbergstraße 220-226".

Nachdenklich schlendert der Gast weiter. Klangschalen erregen seine Aufmerksamkeit. Wer an ihren Griffen reibt, erzeugt ein Geräusch, das nicht nur ins Ohr, sondern auch unter die Haut geht. Durch die Vibrationen der Schale wird man im wahrsten Sinne des Wortes „tief berührt". In einem anderen Raum gerät man zwischen drei überdimensionale, mobile „Bässe". Je nach Abstand der Instrumente zueinander verändert man beim Zupfen der Saiten die Stimmung im Zwischenraum. Lektion: Die Atmosphäre eines Ortes kann man nicht nur erspüren, sondern auch selbst beeinflussen. Ein anderes Experiment spricht unseren Geruchssinn an. Wie duftet der Wald? Wie riecht ein Stein? Augen schließen, schnüffeln und einfach mal der eigenen Nase vertrauen. Der Rundgang durch das Schloss führt den Besucher schließlich ins Kellergewölbe. Zwielichtig ist es hier, fremde Klänge dringen aus verwinkelten Katakomben, es klingelt, es gongt, scheppert und schimmert rätselhaft. An jeder Ecke warten Geheimnisse darauf, von den Besuchern gelöst zu werden. Richtig spannend wird es dann im „Gang der Finsternis" und in der „Dunkelbar". Räume in absoluter Dunkelheit, durch die man sich schrittchenweise hindurchtasten muss. Was geschieht mit mir, wenn ich nichts mehr sehe? Welche anderen Sinne helfen mir, in totaler Finsternis meinen Weg zu finden? Wie schmeckt Suppe, Gemüse oder Schokolade, wenn das Auge nicht mitessen darf? Ein Erlebnis, das Stoff für lange Gespräche liefert. Aus der Finsternis hinaus geht's dann zurück ins Licht: Auch der Schlosspark hält etliche Überraschungen bereit. Stecken Sie Ihren Kopf in den „Summstein", setzen sie einen tonnenschweren Felsbrocken mithilfe eines Bindfadens in Bewegung, inspizieren Sie die Windharfe oder machen sie in der „Schule des Gehens" längst vergessene Barfuß-Erfahrungen.

Auf Schloss Freudenberg gibt es so viel zu erleben, dass man für einen Besuch unbedingt mehrere Stunden einplanen sollte.

Auf dem Skateboard

NIEDER-OLM

Die Kletterkiste

Von unten erinnern die Kletterer an lustige bunte Käfer, die eine Wand hinaufkrabbeln. In Wahrheit ist Klettern aber anstrengender Sport und genussvolle Selbsterfahrung. Die Halle gilt selbst unter Profis als tadelloses Trainingsgelände, doch auch Einsteiger können hier das „Handwerk" lernen. Für Neulinge und Kinder gibt es Kurse zum Üben. Fortgeschrittene kraxeln an den Felsnachbildungen bis zur Hallendecke, gut gesichert, immerhin 13 Meter hoch. Aus Tausenden Griffen werden immer wieder neue, unterschiedlich schwere Routen in die Wände geschraubt. Im Boulder-Bereich wird sogar ohne Seil geklettert, dicke Matten fangen Stürze weich auf. Die Kletterausrüstung kann ausgeliehen werden, erfahrene Trainer stehen immer bereit.

INFORMATIONEN

AUSKUNFT
Bewegungsforum Nieder-Olm
Am Schwimmbad, 55268 Nieder-Olm
☎ 06136/953030
@ www.bewegungsforum.de
🕐 Allgemeine Öffnungszeiten:
Mo., Mi., Fr. 9–22 Uhr; Do. 6.30–22 Uhr,
Sa., So.: 9–21 Uhr; Juni–Aug. Sa. 9–20 Uhr.

ANFAHRT
▶ Aus Bingen: A 60 Richtung Mainz weiter A 63 Richtung Kaiserslautern.
▶ Aus Alzey: A 63 Richtung Mainz;
▶ Jeweils Abfahrt Nieder-Olm/ Stadecken-Elsheim; im 1. Kreisel erste rechts, im 2. Kreisel erste rechts „Schwimmbad";
▶ Parken am Schwimmbad; Eingang rechts neben Schwimmbad.

Einmal wie Tarzan an Lianen von Baum zu Baum schwingen oder wie Indiana Jones über eine wackelige Brücke klettern und so ein echtes Abenteuer erleben – ohne sich dabei in echte Gefahr zu begeben: Der Wald-Klettergarten auf dem Neroberg ist etwas für Leute, die den Nervenkitzel in freier Natur mögen.

Wie ein dichtes Netz aus Spinnweben hängen unzählige Seile in den Bäumen, an den alten Eichen und Buchen sind in unterschiedlichen Höhen Baumhäuser und hölzerne Plattformen angebracht. Hoch über den Köpfen der Besucher balancieren Kletterer über Seilbrücken, sausen in Holzkübel-Seilbahnen von einem Baum zum andern und schwingen an Lianen durch die Luft. Schon vom sicheren Boden aus bekommt man alleine vom Zusehen Herzklopfen. Da soll ich rauf? Der Gedanke hat etwas Beunruhigendes, aber die Begeisterung in den Augen und das Strahlen in den Gesichtern der Kletterer, die gerade wieder feste Erde unter den Füßen haben, lässt kaum noch Zweifel offen: Das muss man einfach ausprobiert haben!

Der Kletterwald besteht aus vier Parcours mit verschiedenen Schwierigkeitsgraden. Man kann sich also behutsam an seine eigene Grenze herantasten. Die gesamte Anlage ist mit einem Sicherungssystem ausgerüstet: Der Kletterer hängt an zwei Sicherungsseilen. Selbst wenn er eine Leine ausklinken muss, ist er stets durch eine zweite gesichert. Verlässt einen Abenteurer dann doch einmal Kraft oder Mut, wird er von einem der Sicherheitstrainer abgeseilt.

durch die Wipfel

Vor dem Einstieg in den Klettergarten erhält jeder Teilnehmer eine Einweisung. Geschulte Mitarbeiter erklären die Handhabung der Ausrüstung, wie man sich an- und abseilt, wie der Helm sitzen muss und welche Sicherheitsregeln in den Baumkronen gelten. Nach der Instruktion im Übungsparcours in etwa eineinhalb Metern Höhe kann die Expedition des blauen, roten oder schwarzen Parcours beginnen (blau ist leicht, rot bedeutet mittelschwer und schwarz ist für Mutige). Der blaue Parcours ist relativ einfach zu bewältigen, verläuft in einer Höhe von vier bis fünf Metern und besteht aus Elementen wie zum Beispiel der wackeligen „Indi-Brücke", der „Kübelseilfähre" und dem „Spinnennetz". Insgesamt führt der Weg über 17 solcher „Schikanen" und ist nach etwa einer Stunde geschafft. Der rote Parcours ist schon etwas anspruchsvoller und verläuft in fünf bis acht Meter Höhe. Elemente wie das „Skateboard", die „Liane", „das Glockenspiel" oder das „Stangenfieber" müssen bewältigt werden. Hier ist man durchschnittlich eine bis eineinhalb Stunden unterwegs. Und schließlich wartet auf ganz Mutige der schwarze Parcours mit hochkarätigen Herausforderungen wie den „Kletterbalken", „Hangelsprossen" oder den „Steigbügeln". Von unten sieht das vielleicht noch ganz lustig aus, von oben aber wird einem die kitzelige Situation, in der man sich befindet, erst richtig bewusst. Hinzu kommt, dass sich die frei schwingenden Balken, Sprossen und Bügel unter den Füßen anfühlen, als ob man über eine Palette Eier balanciert. Belohnung am Ende: Man rauscht über eine Seilrutsche wieder nach unten.

Den teilweise über hundert Jahre alten Bäumen macht der Trubel im Klettergarten übrigens nichts aus, die Baumhäuser und Plattformen an den Stämmen wurden mit schonenden Druckhölzern und speziellen Schlingen baumschonend festgeklemmt. Fazit: Es macht noch viel mehr Spaß, als es im ersten Moment aussieht. Auch Kinder ab etwa acht Jahre können mit ihren Eltern schon mitklettern.

Nervenkitzel in den Wipfeln: Kletterwald in Wiesbaden.

INFORMATIONEN

AUSKUNFT
Weitblick Naturerlebnis
Neroberg
65193 Wiesbaden
☎ *0611/5802246*
@ *www.weitblick-kletterwaelder.de*

ANFAHRT
▶ *Aus Frankfurt/Rüdesheim: A 66 bis Schiersteiner Kreuz, dann Abfahrt Innenstadt.*
▶ *Aus Mainz/Bingen: Über die Schiersteiner Brücke Richtung Innenstadt; jeweils bis zum 1. Ring, dort links auf B 417 Richtung Limburg; an der Ampel „Unter den Eichen" rechts, dann 1. Möglichkeit links.*
▶ *Beschilderung Neroberg folgen;*
▶ *Parkplätze am Opelbad auf dem Neroberg.*
▶ *Man kann den Klettergarten auch mit der Nerobergbahn (▶Seite 38) erreichen.*

Kletterwald Lauschhütte
Der Kletterwald am Forsthaus Lauschhütte liegt im Binger Wald. Es gibt mehrere Parcours in unterschiedlichen Schwierigkeitsgraden. Kinder dürfen ab 8 Jahren (in Begleitung Erwachsener) in die Luft gehen. Im Biergarten des Forsthauses Lauschhütte kann man nach der Klettertour lecker essen und den Blick über den Binger Wald genießen.

Info:
Klettergarten Lauschhütte
Am Forsthaus Lauschhütte
55442 Daxweiler
☎ 0170/385 45 67 ☎ 0611/5802246
@ www.kletterwald-lauschhuette.de
@ www.lauschhütte.de

Hochseilgarten Wörrstadt
Der Hochseilgarten Wörrstadt liegt in einem Windpark. Ein besonderes Highlight der Anlage ist ein 30 Meter hoher Powerfan-Sprungturm an einem Windrad, der in seiner Höhe und Bauart einzigartig in Deutschland ist. Wer den Nervenkitzel liebt, wagt den freien Fall aus maximal 30 Metern Höhe!

Info:
Hochseilgarten Wörrstadt
Energie-Allee 1 55286 Wörrstadt
☎ 06732/9657 1048
@ www.hochseilgarten-woerrstadt.de

Das Sonnenland

DER NAME FÜHRT ERST EINMAL AUF DIE FALSCHE SPUR, DENN RHEINHESSEN LIEGT NICHT IN HESSEN, WIE MAN VERMUTEN KÖNNTE, SONDERN LINKS VOM RHEIN IN RHEINLAND-PFALZ – WENN MAN ES GENAU NIMMT, ZWISCHEN DEM RHEINLAND UND DER PFALZ. DAS WÖRTCHEN HESSEN IST DESHALB IM NAMEN VERTRETEN, WEIL DIE REGION BIS 1945 ZU HESSEN GEHÖRTE.

RHEINHESSEN LIEGT ZWISCHEN DEN ECKPUNKTEN BINGEN, MAINZ, ALZEY UND WORMS UND WIRD HÄUFIG AUCH DAS LAND DER TAUSEND HÜGEL GENANNT, DOCH WIRKLICH GROSSE ERHEBUNGEN GIBT ES HIER NICHT. FELDER UND WEINBERGE WECHSELN SICH AB, GRÜN- UND ERDTÖNE DOMINIE-REN DAS LANDSCHAFTSBILD, ALS HÄTTE EIN MALER AKKURAT HAND ANGELEGT. DIE GEMARKUNGEN SIND ÜBER JAHRHUNDERTE VON DEN MENSCHEN IN EINE FAST REINE KULTURLANDSCHAFT VERWANDELT WORDEN – UNBERÜHRTE, URWÜCHSIGE NATUR IST VOR ALLEM IN DEN VERWUN-SCHENEN RHEINAUEN UND IM SELZTAL ERHALTEN GEBLIEBEN. DAS MILDE KLIMA MIT RUND 1.700 SONNENSCHEINSTUNDEN UND DIE FRUCHTBAREN LEHM-, LÖSS- UND AUENBÖDEN WAREN DIE VORAUSSETZUNGEN, UM RHEINHESSEN ZU EINER ERGIEBIGEN ACKERLANDSCHAFT UND ZUM GRÖSSTEN WEINANBAUGEBIET DEUTSCHLANDS ZU MACHEN. HIER WIRD IN NAHEZU ALLEN 136 GEMEINDEN WEIN ANGEBAUT, AUF GUT 26.000 HEKTAR. QUALITÄTSORIENTIERTE WINZER SETZEN INZWISCHEN WIEDER VERSTÄRKT AUF DEN ALTBEWÄHRTEN RIESLING, EINER DER BESTEN WÄCHST AUF DEM „ROTEN HANG", EINER STEILLAGE IN NIERSTEIN. ALS TRADITIONSORTE GILT DER SILVANER, ABER AUCH ROTWEINE GEDEIHEN HIER GUT, ALLEN VORAN DER DORNFELDER, DER SPÄTBURGUNDER UND DER PORTUGIESER.

NEBEN DEM WEIN IST DIE MENTALITÄT DER RHEINHESSEN AUCH VON DER FASTNACHT GEPRÄGT (▶ SEITE 102), EBENSO WIE DURCH DIE EINFLÜSSE VIELER „DURCHREISENDER" AUS FREMDEN LÄNDERN, DIE HIER IHRE SPUREN HINTERLASSEN HABEN: KELTEN, RÖMER, BURGUNDER, MEROWINGER, KAROLINGER UND FRANKEN. CARL ZUCKMAYER HAT SEINE HEIMAT AM RHEIN DAHER DIE „GROSSE VÖLKERMÜHLE, DIE KELTER EUROPAS" GENANNT. DIESE WECHSELHAFTE GESCHICHTE WIRD VOR ALLEM IN DEN STÄDTEN BEWAHRT UND INSZENIERT: KARL DER GROSSE IN INGELHEIM, GUTENBERG UND DIE RÖMER IN MAINZ, DIE NIBELUNGEN IN WORMS UND DIE HEILIGE HILDEGARD IN BINGEN.

Wandern

& Wundern

Besuch bei Mainz 05

Die Coface Arena ist die sportliche Heimat des 1. FSV Mainz 05. Auch wenn gerade nicht gespielt wird können Besucher die Arena erleben: Einmal auf dem Rasen stehen, oder auf der Auswechselbank der Profis sitzen und einen Blick in die Umkleidekabine der Spieler werfen? Einmal im Pressekonferenzraum Rede und Antwort stehen und den Ausblick auf das Spielfeld aus einer VIP-Loge genießen? All das gibt es bei einer Stadionführung. Der Rundgang hinter die Kulissen, in sonst unzugängliche Bereiche und Katakomben des Stadions dauert rund 90 Minuten. Dazu erhalten die Besucher spannende Hintergrund-informationen über die Coface Arena sowie Geschichten rund um den Mainzer Erfolgsverein. Gruppen- so-wie behinderten- und kindgerechte Führungen sind ebenfalls möglich.

INFORMATIONEN

AUSKUNFT
▶ Christopher Lahr
Eugen-Salomon-Straße 1
55128 Mainz
☎ 06131/49980443
@ stadionfuehrungen@mainz05.de
@ www.coface-arena.de

ANFAHRT
▶ Auto: Zufahrt über den Europakreisel an der Saarstr., Parkplätze vor Stadion.
▶ Bus: von HBhf Mainz mit Linie 68 Richtung Klein-Winternheim/Bahnhof bis Ackermannweg; mit Linie 69 Richtung Fachhochschule bis Haltestelle Fachhochschule.

Als die Mainzer

Magische Kulte: Das Isis- und Mater Magna-Heiligtum unter der Römerpassage.

Mainz wurde vor über 2000 Jahren von den Römern gegründet. Aus dem römischen Mogontiacum wurde das moderne Mainz. Noch heute finden sich bedeutende Überreste der fast 500 Jahre währenden Epoche. Schiffe, Theater, Wasserleitung und Kultstätten künden von einer Zeit, als die Mainzer Römer waren.

Der römische Feldherr Drusus, Stiefsohn Kaiser Augustus, gründete 13/12 v. Chr. ein Militärlager (Castrum) auf dem heutigen Kästrich. Zwei Legionen wurden zur Eroberung Germaniens stationiert – strategisch günstig auf einer Anhöhe über dem Rhein und gegenüber der Mainmündung. Schnell entwickelte sich Mogontiacum zum militärischen und dann auch zivilen Zentrum der Region. Fast 500 Jahre gehörte die Stadt Mainz dem Römischen Reich an. Das sieht man im Stadtbild – bis heute.

Immer wieder werden bei Bauarbeiten römische Schätze gehoben. Auf den bislang spektaku-lärsten Fund war man am damaligen Südbahnhof gestoßen: Das größte antike Bühnentheater nördlich der Alpen – mit Platz für rund 10.000 Zuschauer. Es diente auch den Gedenkfeiern an Feldherr Drusus, zu denen viele Menschen aus allen Teilen der römischen Provinz anreisten. Um den 9 v. Chr. tödlich Verunglückten war schnell ein Gedenkkult entstanden, den auch das nahe gelegene Ehrenmal, der Drususstein, bezeugt.

Römer waren

Der Drususstein.

INFORMATIONEN

AUSKUNFT

Touristik Centrale Mainz

Brückenturm am Rathaus

55116 Mainz

℡ 06131/28621-0

@ tourist@info-mainz.de

@ www.touristik-mainz.de

@ www.gaestefuehrungen-mainz.de

ANFAHRT

▶ Aus allen Richtungen Abfahrt Mainz
Zentrum;

▶ die Parkhäuser Am Brand, Rathaus,
Kaufhof, Karstadt, Kronberger Hof
und Rheinufer liegen in unmittelba-
rer Nähe der Touristik Centrale. Die
Centrale selbst befindet sich in einer
Fußgängerzone.

Die großartige Baukunst der Römer zeigt sich auch im Zahlbachtal, wo auf einer Länge von 600 Metern die so genannten Römersteine stehen, Reste eines Aquädukts mit dem die Römer ihr Castrum mit Frischwasser versorgten. Das Wasser wurde von der Quelle in der Nähe des heutigen Stadtteils Finthen über neun Kilometer hinweg transportiert. Die teils zehn Meter hohen Römersteine sind Reste von Brückenbögen, durch die das Wasser mit gleichmäßigem Gefälle transportiert wurde.

Bauarbeiten in der Nähe des Rheins förderten 1981/82 gut erhaltene Überreste mehrerer Schiffe aus spätrömischer Zeit zutage. Um sie auszustellen, wurde eigens das Museum für Antike Schiffahrt eröffnet. Viele weitere Funde aus römischer Zeit sind im Landesmuseum sowie im Römisch Germanischen Zentralmuseum zu sehen. Und unter der Römerpassage, einer beliebten Einkaufsmeile, kann man in eine Welt magischer Kulte eintauchen. Dort ist das im Jahr 2000 entdeckte Isis- und Mater Magna-Heiligtum zu sehen. Der der altägyptischen Gottheit Isis und der orientalischen Mater Magna geweihte Tempel wurde vermutlich bis ins 3. Jahrhundert genutzt. Ein sensationeller Blick auf religiöse Kulte der Römerzeit ist damit möglich geworden – inklusive bleierner Fluchtäfelchen und Zauberpuppen.

Und das ist noch nicht alles: Jupitersäule, Römertor oder der Dativius-Victor-Bogen und die römische Gräberstraße führen vor Augen, was die Römer einst leisteten. Um einen ersten Überblick zu erhalten, schließt man sich am besten einer Führung durch das römische Mainz an, besucht dann die Museen und macht sich anschließend selbst auf die Suche nach einer

Wandern auf

INGELHEIM

Romantische Rheinauen

Das Ingelheimer Rheinufer eignet sich perfekt für einen Spaziergang in idyllischer Umgebung. Nebenbei kann man auch etwas lernen auf dem Erlebnispfad Ingelheimer Jungaue. Auf Tafeln wird über den Rhein, die Altrheinarme, Arten- und Biotopschutz sowie das Thema Hochwasser informiert. Dazu gibt es Stationen zum Mitmachen, die vor allem bei Kindern gut ankommen. Der Wanderer kann zwischen drei Routen wählen, die längste (rund acht Kilometer) eignet sich auch für Fahrradfahrer. Wer Lust hat, kann sich einer Führung anschließen (nach Vereinbarung).

INFORMATIONEN

AUSKUNFT

Tourist Information Ingelheim
Neuer Markt 1
55218 Ingelheim am Rhein
06132/782216
www.ingelheim.de

ANFAHRT

▶ A 60, Anschlussstelle Ingelheim West, von dort der Beschilderung Fähre „Oestrich-Winkel" folgen. Etwa 100 Meter vor der Hafenmole auf der rechten Seite befindet sich der Startpunkt.
▶ Parkplatz ist ausgeschildert.

Die Wirtschaftswege rund um das rheinhessische Weindorf Alsheim haben sich im Laufe der Zeit immer tiefer in den bis zu zehn Meter dicken Lössboden eingegraben. So ist ein 30 Kilometer langes Hohlwegenetz entstanden, eine einmalige Kulturlandschaft, die seltene Ein- und Ausblicke gewährt.

Wenn es regnete, kam so mancher Alsheimer Winzer früher mit bangem Blick und schweiß-nass gebadet von seinem Weinberg nach Hause. Denn bei schlechtem Wetter konnte die Heimfahrt mit dem Pferde- oder Ochsenfuhrwerk über die Wirtschaftswege zur Rutschpartie werden. Schuld daran war der Lössboden, der durch seine extreme Fruchtbarkeit zwar dem Weinbau zugute kam (und kommt), sich jedoch bei Regen in flüssigen Schlamm verwandelte und sich nicht selten bis ins Dorf ergoss.

Durch das ständige Befahren und Ausschwemmen haben sich die Wirtschaftswege rund um Alsheim über Jahrhunderte immer tiefer, an manchen Stellen sogar metertief in den Lössboden eingegraben. Es entstanden sogenannte Hohlwege, an deren Seiten sich nicht selten meterhohe Wände auftürmten. Diese Wege waren früher typisch für Rheinhessen, fielen meist aber der Flurbereinigung zum Opfer oder sind zugewuchert. Nur in Alsheim haben traditionsbewusste Bürger das verhindert. Sie erkannten den Wert der vom Menschen geschaffenen Landschaft, die vielen seltenen Tier- und Pflanzenarten Lebensraum bietet. Mehr als 40 Arten aus den Roten Listen der bedrohten Tiere und Pflanzen kann der aufmerksame Wanderer hier beobachten.

verborgenen Pfaden

Naturabenteuer Hohlweg.

INFORMATIONEN

AUSKUNFT

▶ *Verkehrsverein Alsheim Hohlwege*
Rathaus, 67577 Alsheim
▶ *Hohlweggruppe Alsheim*
☏ *Geführte Wanderungen: Mai–Nov.,*
Informationen: ☎ 06249/945782 oder
☎ *06249/945412*
@ *www.alsheimer-hohlwege.de*
@ *kontakt@alsheimer-hohlwege.de*

ANFAHRT

▶ *Aus Bingen/Mainz/Wiesbaden:*
A 60 bis Abfahrt Mainz-Hechtsheim/
Laubenheim; weiter B 9 Richtung
Oppenheim/Worms;
▶ *Aus Alzey: Über Gau-Odernheim*
und Dorn-Dürkheim nach Alsheim;
▶ *Die Wanderwege sind ab dem*
Rathaus ausgeschildert.

Heute braucht sich beim Benutzen der Hohlwege niemand mehr bange Gedanken machen, so wie einst die Winzer auf ihren Fuhrwerken. Im Gegenteil, eine Wanderung auf den Alsheimer Hohlwegen ist wie ein Kurzurlaub. Denn Alsheim ist vom Klima begünstigt, von vielen Sonnenstunden verwöhnt. Kein Wunder, dass der Ort mit rund 700 Hektar Rebfläche als einer der bedeutendsten Weinbauorte in Rheinhessen gilt. Außerdem weht hier im Sommer meist ein lauer Wind.

„Wein. Wind. Stille" lautet daher das Motto der Hohlweggruppe Alsheim. Die Mitglieder bieten von Mai bis November, auf Anfrage, geführte Hohlwegwanderungen an. Für jeden ist etwas dabei, beispielsweise gibt es nach Absprache Muttertags- oder Kinderführungen, oder Herbstpicknick. Auch Fahrradexkursionen und Planwagenfahrten sind möglich. Natürlich können nach einer Wanderung auch ein Weingut besucht und ein regionales Essen oder eine Weinprobe vereinbart werden. Die Hohlwege lassen sich aber auch auf eigene Faust sehr gut entdecken. Am besten beginnt man damit auf dem Erkundungsweg Krummsteigshohl. Denn hier wird auf Infotafeln Wissenswertes zur Geschichte der Hohlwege, zur Entstehung von Löss und zum Weinanbau in Alsheim vermittelt. Sehr anschaulich wird die Tier- und Pflanzenwelt der Hohlwege dargestellt. Dazu gehören seltene Pflanzen wie der Elsässer Haarstrang, Steppenroller oder Steppenhexe, Vögel wie die Heckenbraunelle und der scheue Steinkauz, außerdem Ameisenlöwen, Wildbienen, Hummeln, Lehmwespen, Turm- und Weinbergsschnecken sowie der Dachs, der sich gerne große Bauten in den weichen Boden gräbt. Insgesamt kann das Hohlwegeparadies auf sechs Routen erwandert werden.

Gegen vieles ist ein

Die „Rheinhessische Schweiz" ist ein außergewöhnlicher Landstrich: Hier gedeihen nicht nur hervorragende Weine, hier leben auch Hexen. Mit ihnen kann man zwar nicht auf dem Besen reiten, dafür aber von ihnen jede Menge über Kräuter erfahren.

Von Bank zu Bank

Rund um Siefersheim gibt es wunderbare Aussichtspunkte, von denen aus man den Blick über die rheinhessische Schweiz schweifen lassen kann. „Hier müssten Bänke zum Rasten stehen", dachten sich einige Einheimische. Gesagt, getan – und so war die Siefersheimer Bänkelches-Route erfunden. Einfach nur dem Schild mit dem Weinglas und der Bank folgen und man kommt nicht ab vom acht Kilometer langen Rundwanderweg durch die schönste Weinbergslandschaft. Einmal im Jahr verwöhnen die Winzer die Wanderer entlang der Route einen ganzen Tag lang mit ihren Weinen und rheinhessischen Spezialitäten. Übers Jahr gibt es zudem geführte Wanderungen mit Picknick.

INFORMATIONEN

AUSKUNFT
▶ Rheinhessen-Touristik GmbH
Friedrich-Ebert-Str. 17
55218 Ingelheim am Rhein
☏ 06132/4417-0
@ www.rheinhessen.de
▶ Geführte Wanderungen
Christine Moebus
Wonsheimer Str. 13
55599 Siefersheim
☏ 06703/665
@ www.kraeuter-hexen.de.

ANFAHRT
▶ Siehe Anfahrt „Kräuterhexen" Seite 67.
▶ Treffpunkt in der Ortsmitte.

Christine Werner, Karin Mannsdörfer und Christine Moebus – so heißen die drei Hexen, die in Siefersheim wohnen. Sie haben weder krumme Nasen noch Warzen oder gucken grimmig in die Welt. Im Gegenteil, die drei Frauen lachen gerne, und das ist ansteckend. Was sie mit Hexen wirklich gemeinsam haben, ist der Zugang zu einer Welt, die für viele verloren gegangen ist: Die Welt der heimischen Kräuter und Wildpflanzen, die heute am Wegesrand ein Schattendasein führen, in früheren Zeiten den Menschen allerdings als Heilpflanzen wichtige Dienste leisteten.

Das Wissen um ihre Wirkung wird in jüngster Zeit nach und nach wiederentdeckt. Das erklärt auch, warum so viele Interessierte nach Siefersheim kommen, wenn die Kräuterhexen eine ihrer Wanderungen durch die Rheinhessische Schweiz anbieten. Dieser Landstrich ist ein Ausläufer des Nordpfälzischen Berglandes und unterscheidet sich mit seinen Wiesen, Wäldern, Bächen und – sagen wir – kleinen Bergen vom ansonsten flachen Rheinhessen.

Deshalb geht es zu Beginn der Kräuterwanderung auch erst einmal bergan. Doch schon bald legt Christine Moebus eine Pause ein, sie hat eine interessante Pflanze entdeckt: das Johanniskraut. „Es hilft nicht nur gegen leichte Gemütsverstimmungen. Zu Öl verarbeitet, wirkt es auch bei Verbrennungen", weiß die Kräuterhexe. Früher nutzten die Menschen das Johanniskraut aber nicht nur als Heilmittel, sie glaubten zudem an seine Schutzwirkung: Ein Büschel unter das Dach gehängt, sollte vor Blitzeinschlag schützen.

Kraut gewachsen

Den nächsten Stopp gibt es an einem Strauch Beifuß. „Ein Fußbad aus dieser Pflanze macht kalte Füße schnell warm, aber Vorsicht, bei Schwangeren können auch Wehen ausgelöst werden", so die Kräuterhexe. Und deshalb warnt sie: „Kräuter sollte nur sammeln, wer sie kennt, und man muss auch wissen, welche man nicht pflücken darf, weil sie unter Naturschutz stehen".

INFORMATIONEN

AUSKUNFT

▶ Christine Moebus
Wonsheimer Str. 13
55599 Siefersheim
☏ 06703/665 (Christine Moebus)
☏ 0671/4835510 (Martina Schmitt)
☏ 06703/1092 (Karin Mannsdörfer)
@ www.kraeuter-hexen.de

ANFAHRT

▶ Aus Mainz/Wiesbaden: A 63 bis Alzeyer Kreuz, weiter A 61 Richtung Koblenz.
▶ Aus Bingen: A 61 Richtung Alzey; jeweils bis Abfahrt Gau Bickelheim; weiter Richtung Wöllstein; durch Wöllstein hindurch und weiter nach Siefersheim.

Route

Rund um Siefersheim

Keine Hexerei: Kleine Kräuterkunde im Garten.

Schon bald haben die Wanderer einen wunderbaren Blick hinunter auf das idyllisch gelegene Siefersheim, sodass sie beinahe die sogenannte „Siefersheimer Brandungsküste" verpassen, die rund 35 Millionen Jahre alt ist! „In einer Zeit entstanden, als Siefersheim unter dem Meeresspiegel lag", so die Kräuterhexe. Hier gedeiht die Wilde Möhre, deren Wurzel nicht so dick ist wie die der Zuchtmöhre. „Das Ausgraben verbraucht allerdings mehr Kalorien als man durch das Essen zu sich nehmen kann", sagt Christine Moebus und lacht. Die Gruppe belässt es dann auch beim Riechen am Blütenkörbchen – es verströmt tatsächlich Möhrenduft.

So vergeht die Zeit wie im Fluge – der Rückweg führt uns wieder in den Ortskern und heute ins Weingut Wagner-Stempel, dessen Weine mehrfach ausgezeichnet und weit über die Grenzen Rheinhessens hinaus bekannt sind. Unter uralten Bäumen sitzend, endet der Ausflug mit den Siefersheimer Kräuterhexen bei einem guten Glas Riesling, Flammkuchen und mit noch mehr interessanten Geschichten rund ums Kraut.

Deutschlands

Wandern im Zeichen der Flöte

So mancher hat auf diesem Panorama-Wanderweg zwischen Schloss Johannisberg über Schloss Vollrads nach Hallgarten schon Flötenspieler vermisst. Aber die gibt es hier gar nicht. Der Name „Flötenweg" stammt von der „Rheingauflöte", einer hier typischen Weinflaschenform. Die Gesamtstrecke misst rund 10 Kilometer. Weinprobierstände entlang der Strecke sind ideale Rastplätze. In den Örtchen Winkel, Mittelheim, Oestrich und Hallgarten erwarten den Besucher zahlreiche Sehenswürdigkeiten. An einem Wochenende im Jahr gibt es einen Flötenwandertag mit speziellen Angeboten der Winzer an der Strecke.

INFORMATIONEN

AUSKUNFT

▶ Rheingau-Taunus Kultur
& Tourismus GmbH
An der Basilika 11 A
65375 Oestrich-Winkel
☎ 06723/99550
@ www.kulturland-rheingau.de

ANFAHRT

▶ Aus Mainz/Bingen/Alzey: A 60 bis
Abfahrt Wiesbaden (Schiersteiner
Brücke); weiter bis Abfahrt A 66
Richtung Rüdesheim; weiter bis zur B 42
und bis Ausfahrt Geisenheim.
▶ Folgen Sie den Schildern nach
Schloss Johannisberg.

Schloss Johannisberg–Schloss
Vollrads–Hallgarten– mit
Abstechern nach
Mittelheim,Winkel und Oestrich.

Route

Am 8. September 2005 war es so weit: Der Rheinsteig wurde eröffnet! Er führt auf 320 Kilometern rechtsrheinisch von Wiesbaden nach Bonn, über den Rheingau durch das romantische Mittelrheintal und das Siebengebirge. Der „Rheinsteiger" kann ihn in einem Rutsch gehen oder in Tages-Etappen erwandern.

Kunst am Kloster Eberbach.

Eine dieser Etappen beginnt in Kiedrich, dem „Schatzkästlein" der Gotik, führt vorbei am weltberühmten Kloster Eberbach und endet an der Gutsschänke Kühn's Mühle oberhalb von Oestrich-Winkel. Ein stilisiertes R auf blauem Grund weist den richtigen Weg. Wer sich stets danach richtet, kann nichts falsch machen, er befindet sich auf dem Rheinsteig. Tausende dieser Zeichen wurden entlang des Fernwanderwegs aufgehängt und angeklebt. Doch bevor man sich in der Dorfmitte von Kiedrich auf die Suche nach der ersten Markierung macht, sollte man sich die Zeit nehmen und den Ort erkunden, denn Kiedrich ist eine wahre Fachwerk-Perle. Ein großer Teil der alten Bausubstanz ist erhalten, da das Dorf fast alle Kriege heil überstanden hat. Eine seiner Hauptattraktionen verdankt Kiedrich einem Gönner aus England. Baron Sutten ließ dort vor 150 Jahren die in die Jahre gekommene Kirchenorgel restaurieren, die heute als die älteste bespielbare Orgel Deutschlands gilt. Die Valentinuskirche, in der die Orgel steht, ist eine Rarität mittelalterlicher Architektur (▶ Seite 124). Von den überbordenden Schätzen muss man sich aber trennen, will man die Rheinsteig-Etappe noch schaffen.

Also los! Hinaus aus dem Dorf, bergan durch das Grünbachtal in die Weinberge. Nach einigen Höhenmetern sollte man sich eine Pause gönnen und den herrlichen Blick über die Rheinebene genießen. Von hier geht es weiter durch ein Waldstück auf das Kloster Eberbach zu. Die ehemalige Zisterzienserabtei ist eine der am besten erhaltenen Klosteranlagen Europas und dem Weinkenner lange schon ein Begriff. Berühmt wurde Kloster Eberbach auch durch den Film „Der Name der Rose", der hier gedreht wurde (▶ Seite 104). Zur Rast laden der elegante Garten und das Kloster-Restaurant. Vom Parkplatz aus gelangt man in den „Steinberg", den Vorzeigeweinberg des Klosters und eine der besten und ältesten Lagen des Rheingaus. Von hier beginnt der Aufstieg zum Unkenbaum, einer jahrhundertealten Eiche, die

schönster Wanderweg

im September 2001 einem Sturm zum Opfer gefallen ist, deren mächtiger, auf der Erde liegender Stamm aber noch bewundern werden kann. Weiter führt die Route nun hinunter zum Sparngrund, läuft hinüber zum Leimersbachtal und steigt dann wieder hinauf zum Susberg. Auf den letzten Kilometern ist der Rheinsteig hier mit dem Flötenweg identisch (▶ Seite 68). Endpunkt der Etappe ist schließlich der Gutsausschank Kühn's Mühle in den Weinbergen oberhalb von Oestrich-Winkel. Hier kann man auf der Terrasse einen wohlverdienten Riesling genießen.

Kloster Eberbach.

Wer jetzt Blut geleckt hat, kann sich noch weitere Etappen auf dem Rheinsteig vornehmen oder ihn während eines Urlaubes sogar in ganzer Länge erkunden. Doch bereits die eher leichte Rheingauetappe macht klar, der Rheinsteig ist nichts für Bummler, eher für ambitionierte Wanderer. Da er den Rhein mal aus der Nähe, mal aus der Ferne begleitet, geht es bergauf und bergab auf teilweise sehr schmalen Pfaden. Immerhin braucht die Straße für die 320 Kilometer von Wiesbaden nach Bonn nur etwa die Hälfte an Kilometern. Der Rheinsteig nimmt eben nie den kürzesten, dafür aber den aufregendsten Weg. Für die Anstrengung wird der „Rheinsteiger" aber reichlich belohnt mit spektakulären Aussichten, mit Burgen, Schlössern, Festungen, Klöstern und sehenswerten Dörfern links und rechts der Strecken.

INFORMATIONEN

AUSKUNFT
Rheinland-Pfalz Tourismus GmbH
Löhrstraße 103–105
56068 Koblenz
☏ 0261/915200
@ www.rlp.de
@ www.rheinsteig.de

ANFAHRT
▶ Aus Alzey: A 63 bis Kreuz Mainz-Süd; weiter A 60 Richtung Koblenz.
▶ Aus Mainz/Bingen: A 60 bis Abfahrt Wiesbaden (Schiersteiner Brücke); weiter bis Abfahrt Rüdesheim; weiter A 66 Richtung Rüdesheim; bis Abfahrt Kiedrich.
▶ Der Wanderweg beginnt hinter der Valentinuskirche.

Route

Kiedrich–Kloster Eberbach–Kühn's Mühle–(Oestrich-Winkel)

Ruine Scharfenstein.

Der Vergangenheit

Störche ganz nah

Lange galten sie hierzulande als ausgestorben: Störche. In den letzten Jahren gelang die Wiederansiedlung. Wer sich auf die Storchenrundtour von Wiesbaden-Biebrich über Frauenstein und Walluf zurück nach Biebrich begibt, hat gute Chancen, einen der schwarz-weißen Vögel mit den langen roten Beinen aus nächster Nähe zu sehen. Am Hochwasserschutzdamm zwischen Nieder-Walluf und dem Schiersteiner Hafen siedeln ganzjährig bis zu 100 Weißstörche in ihren Nestern auf den Strommasten. Wer noch mehr Vögel sehen will, sollte sich im Park des Biebricher Schlosses umsehen. Hier lebt eine Kolonie von knallgrünen Alexandersittichen. Die Vögel sind unschwer an ihrem Gekrächze auszumachen.

INFORMATIONEN

AUSKUNFT
Wiesbaden Tourist Information
Marktplatz 1, 65183 Wiesbaden
☏ 0611/1729930
@ www.wiesbaden.de

ANFAHRT
▶ Aus Mainz/Bingen: Über die Schiersteiner Brücke.
▶ Aus Rüdesheim A 66 Richtung Frankf. bis Schiersteiner Brücke, weiter Richtung Mainz.
▶ Jeweils bis Abf. Wiesbaden-Biebrich; dann links und unter der Brücke hindurch, zweimal links, am Rhein entlang bis zum Schloss.
▶ Parkplätze vorhanden.

Route
Biebricher Schloss–Schiersteiner Hafen (über Rsteig und Rieslingpfad)–Frauenstein (über Waluf - (Rundwanderweg)–Nieder-Walluf–Biebrich

Verwunschene Pfade: Unterwegs auf dem Gebück-Weg.

Es klingt wie aus einem Märchen und ist doch wahr: Durch eine gewaltige Hecke schützten die Rheingauer Jahrhundertelang ihr Territorium. Heute kann man entlang des ehemaligen „Gebücks" von Niederwalluf nach Lorch wandern und viel über längst vergangene Zeiten erfahren.

Was den Rheingauern damals, vermutlich zu Beginn des 14. Jahrhunderts, einfiel, um sich gegen Feinde zu schützen, ist einfach und genial zugleich. Sie pflanzten Hain- und Rotbuchen, die sie bei entsprechender Größe „bückten", das heißt, sobald die Bäumchen groß genug waren, knickten sie einen Teil der Äste zur Erde. Dadurch wuchs im Lauf der Jahre eine undurchdringliche Hecke heran, die bis zu 50 Meter Dicke erreichen konnte und über 40 Kilometer lang war. Brombeeren, Schlehen und andere Sträucher wurden dazwischen gepflanzt und machten die lebende Wehrmauer vollends uneinnehmbar. Zusätzlich sicherten Bollwerke Wege, die durch das Gebück führten. Jeder Ort musste etwas zu seiner Pflege und Verteidigung beitragen. Beschädigungen waren streng verboten, schon das unerlaubte Abschneiden eines Zweiges zog eine Strafe nach sich. Das zahlte sich aus, denn das Gebück zählte im Mittelalter zu den stärksten Landwehren in Deutschland, und der Rheingau konnte so Jahrhundertelang seinen Feinden trotzen.

Viel ist heute nicht mehr übrig von der „grünen Mauer" der Rheingauer, denn das Gebück wurde 1770 durch ein erzbischöfliches Dekret offiziell aufgegeben. Der Unterhalt war zu teuer geworden, und die ehemals undurchdringliche Wehranlage hielt der modernen Kriegstechnik nicht mehr stand. Doch damit das Gebück als Kulturgut im Bewusstsein der Menschen

auf der Spur

INFORMATIONEN

AUSKUNFT

▶ Rheingau-Taunus
Kultur & Tourismus GmbH
An der Basilika 11 A
65375 Oestrich-Winkel
☎ 06723/99550
@ www.kulturland-rheingau.de

▶ Naturpark Rhein-Taunus
Veitenmühlweg 5
65510 Idstein
☎ 06126/4379
@ www.naturpark-rhein-taunus.de

ANFAHRT

▶ Aus Wiesbaden: A 66 Richtung
Rüdesheim.
▶ Aus Bingen/Mainz: Über die
Schiersteiner Brücke Richtung
Wiesbaden bis Abfahrt Rüdesheim,
weiter A 66 Richtung Rüdesheim;
▶ Jeweils bis Abfahrt Walluf,
Beschilderung Rheinufer/Yachthafen
folgen (Parkplätze).

Niederwalluf–Oberwalluf–
Martinsthal–Schlangenbad–
Mapper Schanze–Kammerburg/
Wispertal–Lorchhausen–Lorch

verankert bleibt, wurde im Jahr 2000 ein Wanderweg entlang der historischen Grenze eröffnet. Der Rheingauer Gebückwanderweg führt von Niederwalluf bis nach Lorch, seine Zeichen sind zwei gebückte Äste. Für Kurzwanderungen sind Ein- und Ausstieg an vielen Stellen möglich.

Der erste Abschnitt führt von Walluf nach Martinsthal. Dass das Gebück zwischen diesen beiden Orten begann, ist kein Zufall. Hier liegt die „offene Flanke" des Rheingaus, die nicht durch Wälder, Schluchten oder den Rhein geschützt ist. Die sanft abfallende Landschaft bis nach Wiesbaden und zum Main bot Feinden besonders gute Angriffsmöglichkeiten. In Niederwalluf sollte man unbedingt die Reste des sogenannten Backofens (heute im Garten des Gemeindezentrums wieder aufgebaut) besichtigen. Er wurde 1495/96 erbaut und bestand aus einem halbrunden Turm, der einem überdimensionalen Dorfbackofen glich, daher sein Name. Das Bollwerk schützte, mit zwei weiteren, den Ort. Von Martinsthal führt der Wanderweg weiter nach Schlangenbad (dabei wird der Bach Walluf mehrmals überquert) und von dort aus zur Mapper Schanze im Wald oberhalb von Oestrich Winkel. Die Mapper Schanze ist das letzte als Ruine erhaltene Befestigungswerk des Gebücks. Hier kann man sich ein besonders lebendiges Bild der vergangenen Zeit machen, denn neben der Mauer mit dem Torbogen wurde zu Anschauungszwecken auch ein Stück jungen Gebücks angelegt. Weiter geht es zur Kammerburg im Wispertal und von dort über das Weinstädtchen Lorchhausen zum Ausgangspunkt der Wanderung nach Lorch. Hier begann einst der Rheingauer Rennpfad, über den laufende Boten oder Reiter im Schutze des Gebücks in wenigen Stunden Eltville oder Walluf am anderen Ende des Rheingaus erreichen konnten.

Rheintal am Stock

RHEINHESSEN IST GENAU DER RICHTIGE LANDSTRICH FÜR DEN BELIEBTEN TRENDSPORT. 350 KILOMETER SIND INSGESAMT FÜR DIE NORDIC WALKER AUSGESCHILDERT. DIE FLACHE, WEITE LANDSCHAFT IST IDEAL FÜR DIESE SPORTART. AUCH IM RHEINGAU WARTEN LANDSCHAFTLICH REIZVOLLE STRECKEN AUF NORDIC WALKER. IMMER IM BLICK DABEI: VATER RHEIN!

▶ BINGEN NORDIC WALKING PARK

ZUSAMMEN MIT DEM DEUTSCHEN NORDIC WALKING VERBAND SIND SECHS UNTERSCHIEDLICHE ROUTEN GESCHAFFEN WORDEN, VON LEICHT BIS SCHWER. DER SPORTLER KANN ZWISCHEN DREI- UND RUND SIEBEN-KILOMETER-RUNDEN WÄHLEN. SIE FÜHREN ÜBER WIESEN, DURCH WÄLDER UND WEINBERGE UND NATÜRLICH GIBT ES – ZUM BEISPIEL AUF DEM ROCHUSBERG – EINEN SAGENHAFTEN BLICK AUF VATER RHEIN GRATIS DAZU. AUF INFOTAFELN WIRD DIE TECHNIK FÜR DAS NORDIC WALKING VERMITTELT, SIE ERSETZEN ALLERDINGS KEINEN KURS, DEN JEDER EINSTEIGER MACHEN SOLLTE!

▶ AUSKUNFT: TOURIST-INFORMATION BINGEN, RHEINKAI 21, 55411 BINGEN ☎ 06721/184-203/-206/-200

@ WWW.BINGEN.DE

▶ GUNTERSBLUM NORDIC WALKING IN DER VERBANDSGEMEINDE

IN DER VERBANDSGEMEINDE GUNTERSBLUM, DIE GENAU AUF HALBER STRECKE ZWISCHEN WORMS UND MAINZ LIEGT, SIND ÜBER 100 KILOMETER NORDIC-WALKING-STRECKE AUSGESCHILDERT. VOGELSTIMMEN-ROUTE, WIESGEWANN-ROUTE, RHEINHESSEN HÖHEN ROUTE, PANORAMA ROUTE LASSEN ERAHNEN, IN WELCH SCHÖNER UMGEBUNG ES SICH HIER LAUFEN LÄSST.

▶ AUSKUNFT: RHEINHESSEN-TOURISTIK GMBH, FRIEDRICH-EBERT-STR. 17, 55218 INGELHEIM AM RHEIN,

☎ 06132/44170 @ WWW.RHEINHESSEN.DE

▶ TOURISTIKVEREIN DER VERBANDSGEMEINDE GUNTERSBLUM, ALSHEIMER STR. 29, 67583 GUNTERSBLUM ☎ 06249/902217 @ WWW.GUNTERSBLUM-TOURISMUS.DE

▶ RÜDESHEIM RHEINGAU NORDIC WALKING RIESLING PARK & WANDERZENTRUM

GANZ NEU ERÖFFNET WURDEN 2007 NORDIC-WALKING-STRECKEN RUND UM RÜDESHEIM MIT EINER GESAMTLÄNGE VON 35 KILOMETERN. SPORTLER KÖNNEN UNTER ANDEREM WÄHLEN ZWISCHEN DER „FREILIGRATH-ROUTE" (MIT 4,8 KILOMETERN DIE KÜRZESTE VARIANTE), DER „KLOSTER-ROUTE", DIE DIE ABTEI SANKT HILDEGARD IN EIBINGEN UND DAS KLOSTER NOTHGOTTES STREIFT, ODER DER MIT 11,7 KILOMETERN SCHWIERIGSTEN STRECKE, DER „RHEINROMANTIK-ROUTE".

▶ AUSKUNFT: RÜDESHEIMER TOURIST CENTER, RHEINSTRASSE 29A, 65385 RÜDESHEIM AM RHEIN

☎ 06722/19433 @ WWW.RUEDESHEIM.DE @ TOURISTINFO@RUEDESHEIM.DE

NATÜRLICH KÖNNEN DIE STRECKEN AUCH VON WANDERERN UND SPAZIERGÄNGERN GENUTZT WERDEN!!!

Top Tipp

Lasst
Blumen
sprechen

Wo sich Nahe und Rhein küssen, finden Gartenfreunde mit viel Liebe präsentierte Anlagen: Ein Rheinufer-Bummel durch Bingen ist ein duft(end)es Vergnügen.

Am
TOR
zum

Rheingau

Riesling

RHEINKILOMETER 530,8 GALT NOCH
IM MITTELALTER ALS EINE DER
GEFÄHRLICHSTEN RHEINPASSAGEN
FÜR DIE SCHIFFFAHRT: VOR DEM
BINGER LOCH MUSSTEN DIE
WEINFÄSSER BEI LORCH ENT-
LADEN UND ÜBER DEN LAND-
WEG NACH GEISENHEIM
GEBRACHT WERDEN. HINTER
DEM QUARZRIFF ÖFFNET SICH
DER WEITE BLICK AUF DIE REB-
FLÄCHEN DES RHEINGAUS ZUR
LINKEN UND RHEINHESSENS
ZUR RECHTEN SEITE.

Reben
&
Ritter

FENSTER IN DEN RHEINGAU: VOM BINGER RHEINUFER AUS
SCHWEIFT DER BLICK WEIT INS WEINPARADIES, WO RITTER UND
REBEN EINE BESONDERE ROLLE SPIELEN. WEINFREUNDE GENIES-
SEN DAS EINZIGARTIGE PANORAMA BEI EINEM GUTEN TROPFEN
VOM GARTEN DER „VINOTHEK" BEI DEN ANLEGEPLÄTZEN DER
RHEINDAMPFER AUS.

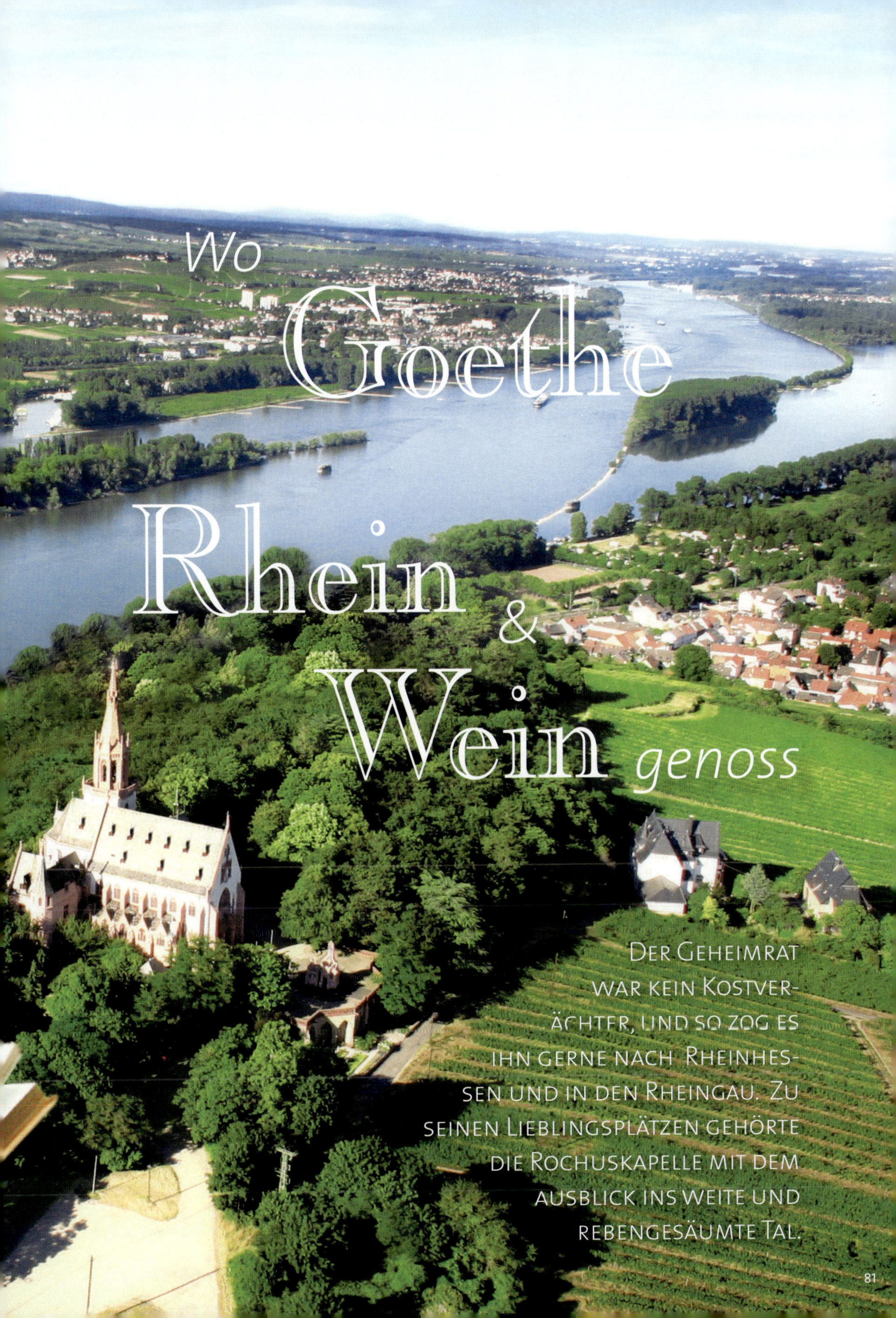

Wo Goethe
Rhein &
Wein *genoss*

DER GEHEIMRAT
WAR KEIN KOSTVER-
ÄCHTER, UND SO ZOG ES
IHN GERNE NACH RHEINHES-
SEN UND IN DEN RHEINGAU. ZU
SEINEN LIEBLINGSPLÄTZEN GEHÖRTE
DIE ROCHUSKAPELLE MIT DEM
AUSBLICK INS WEITE UND
REBENGESÄUMTE TAL.

Bingen blüht: Romantische Gärten laden zum Bummeln ein.

Seit jeher profitiert die Stadt Bingen von ihrer aussergewöhnlichen Lage: An den Zusammenfluss von Rhein und Nahe geschmiegt, eingebettet in eine fruchtbare Kulturlandschaft zwischen Rheinhessen, dem Hunsrück, dem Rheingau und vor der malerischen Kulisse am Eingang zum Mittelrheintal. Hier haben bereits Kelten und Römer ihre Spuren hinterlassen, hier werden seit über tausend Jahren Waren von Geschäftsleuten rheinauf, rheinab in ferne Länder verschifft, hier haben im Mittelalter Raubritter und Edelleute miteinander gestritten und hier wird seit vielen hundert Jahren Wein angebaut. Vorläufiger Höhepunkt in der Geschichte der Stadt Bingen war die Landesgartenschau 2008.

Das Grossereignis hat die Stadt nachhaltig verändert, vor allem das Binger Rheinufer auf seiner ganzen Länge in eine der beliebtesten Flaniermeilen der Region verwandelt. So sind die etwas muffig gewordenen Rheinanlagen des „Hindenburg-Ufers" aus den Sechzigern grosszügigen, gepflegten Gartenanlagen, Parks und Beeten gewichen. Das „Erbe" der Gartenschau sieht und riecht man überall in der Stadt - vom Aufblühen der ersten Krokusse, Tulpen und der Kirschblüte im Frühling, über die duftenden Kräuter, Rosen und leuchtenden Blumenkelche im Sommer, bis hin zum bunten Herbstlaub an den Bäumen in den Alleen der Promenade am Fluss. Während des ganzen Jahres locken blühende Gärten, Konzerte, Feuerwerke, Jahrmärkte, Weinfeste, Dichterlesungen und Theateraufführungen die Besucher an den Rhein nach Bingen. Das neu gestaltete Rheinufer unterhalb der Stadt ist nach Feierabend und an den Wochenen-

DEN ZIEL ZAHLREICHER MENSCHEN. SEI ES ZU EINEM BUMMEL, VORBEI AN HERRLICHER KULISSE MIT BLICK AUF DIE STEILEN HÄNGE DER RÜDESHEIMER WEINBERGE, DIE BURGRUINEN UND DIE „GERMANIA", SEI ES ZU EINEM GLAS WEIN IN EINEM DER KLEINEN GASTSTÄTTEN AM UFER DES STROMS. GERNE KOMMEN AUCH FAMILIEN HIERHER, ZU EINEM PICKNICK AUF DEN WIESEN UND ZUM „SPIELSCHIFF", EINEM SPIELPLATZ, DER AUSSIEHT, ALS SEI HIER EIN RHEINKAHN ZUR HÄLFTE VERSUNKEN. EIN WUNDERBAR ANDERER SPIELPLATZ, MIT KLETTERBRÜCKEN UND EINER KLEINEN SEILBAHN, MIT RUTSCHBAHN AUS DER STEUERKABINE UND EINER HANDPUMPE IM BUG, DIE ORDENTLICH VIEL WASSER AUS DEM „LECK GESCHLAGENEN RUMPF" DES SINKENDEN KAHNS HERAUSPUMPEN MUSS. VOR ALLEM KLEINERE KINDER KÖNNEN HIER STUNDE UM STUNDE VERBRINGEN, WÄHREND IHRE ELTERN IN SICHTWEITE AUF BÄNKEN ODER DEM RASEN DIE AKTIONEN DER KLEINEN IM AUGE BEHALTEN. FÜR EINE KLEINE AUSZEIT EIGNEN SICH AUCH LAUSCHIGE NISCHEN HINTER HOHEN HECKEN UND UNTER ALTEN BÄUMEN, IDEALE ORTE, UM SICH MIT EINEM BUCH IN DER HAND FÜR EINE WEILE ZURÜCK ZU ZIEHEN.

G1 TOP TIPP

RHEIN- UND WEIN-GENUSS:
EINKEHEREN AM RHEINUFER.

GLEICH NEBENAN BEFINDET SICH EIN HISTORISCHER VERLADEKRAN AM HAFENBE-
CKEN, EINEM WAHRZEICHEN DER STADT AUS DEM 17. JAHRHUNDERT. ANGETRIEBEN
WURDE DER KRAN MIT MENSCHENKRAFT DURCH ZWEI GROSSE LAUFRÄDER. IN ERSTER LINIE
WURDEN HIER WEIN, SALZ UND GETREIDE VERLADEN, AUF DEN RHEIN GESCHICKT ODER INS
BINGER HINTERLAND GELIEFERT. WER DEN KRAN IN BETRIEB ERLEBEN WILL, KANN SICH AN
DIE BINGER TOURIST-INFO WENDEN. SEIT 2002 IST DER ALTE RHEINKRAN TEIL DES UNESCO-
WELTERBES OBERES MITTELRHEINTAL.

GEHT MAN VON HIER AUS RHEINAB RICHTUNG „BINGER LOCH", DER BERÜCHTIGTEN, FELSIGEN
ENGE, AN DER DER STROM SCHMALER UND SCHNELLER WIRD UND SEINE RICHTUNG JÄH NACH
NORDWESTEN ÄNDERT, SO KOMMT MAN VORBEI AM SCHATTIGEN BIERGARTEN DER ALTEN
STADTHALLE UND ERREICHT SODANN DAS „MUSEUM AM STROM". DAS EHEMALIGE ELEKTRI-
ZITÄTSWERK WURDE VOR EINIGEN JAHREN RENOVIERT UND BEHERBERGT HEUTE EINE GROSSE

Hatto & die Nager

Der Binger Mäuseturm inspirierte grosse Dichter wie Victor Hugo, Clemens Brentano und Ferdinand Freiligrath, und um seinen Namen rankt sich bis heute die Legende um den hartherzigen Bischof Hatto, der sich auf die Insel geflüchtet hatte und dort von Mäusen gefressen wurde ...

AUSSTELLUNG ÜBER DAS LEBEN UND DAS WERK HILDEGARDS VON BINGEN (▶ S. 14). DIE MITTELALTERLICHE VISIONÄRIN, DIE VON PAPST BENEDIKT 2012 DEN TITEL DER „KIRCHENLEHRERIN" ERHIELT, IST WELTWEIT UNTER ANDEREM FÜR IHRE GESUNDHEITS-FÖRDERNDE KOCHKUNST BEKANNT, DEREN WIRKUNG HEUTE TEIL-WEISE AUCH VON DER MODERNEN MEDIZIN GENUTZT WIRD. AUS-SERDEM ERWARTET DEN BESUCHER HIER EINE AUSSTELLUNG ZUR „RHEINROMANTIK". DIE KÜNSTLERISCHE AUSEINANDERSETZUNG DER RHEINROMANTIKER MIT DEM MITTELRHEINTAL UND DEN SCHÖNHEITEN DER LANDSCHAFT KANN HIER NACHVOLLZOGEN WERDEN. EBENFALLS SEHENSWERT SIND ARCHÄOLOGISCHE FUNDE AUS DER ZEIT, ALS DIE RÖMER IN BINGEN SIEDELTEN. WELTWEIT EINMALIG IST SOGAR EIN FAST VOLLSTÄNDIG ERHALTENES CHIRUR-GISCHES ÄRZTEBESTECK AUS DEM 2. JAHRHUNDERT N. CHR.

VON HIER AUS GEHT ES WEITER ZUR NAHEMÜNDUNG IN DEN RHEIN, ZUM RHEIN-NAHE ECK. UNTERHALB DER AN-LEGER FÜR DIE SCHNEEWEISSEN AUSFLUGSDAMPFER SIND DIE NEUEN RHEINTERRASSEN ENTSTANDEN, WIE GROSSE, AUSLA-DENDE TREPPENSTUFEN, DIREKT ÜBER DEM WASSER. VON DORT HAT MAN EINEN HERRLICHEN BLICK HINÜBER AUF DIE STEILEN WEINBERGE ÜBER RÜDESHEIM UND DAS NIEDERWALD-DENKMAL, AUF DIE MALERISCHE RUINE EHRENFELS UND DEN MÄUSETURM IM „BINGER LOCH". BESONDERS AM ABEND, WENN DIE SCHIFFE MIT IHREM MONOTONEM TUCKERN AUCH DEN UNRUHIGSTEN GEIST IN TRANCE VERSETZEN, DIE SONNE SICH ÜBER DIE HÄNGE DES MITTELRHEINTALS SENKT UND DEN RHEIN IN FLÜSSIGES GOLD VERWANDELT – BESONDERS DANN HERRSCHT HIER EINE MAGISCHE STIMMUNG.

ÜBER EINE FUSSGÄNGER- UND RADFAHRERBRÜCKE GEHT ES SCHLIESSLICH HINÜBER AUF DIE ANDERE SEITE DER NAHE. HIER IST AUF EINEM ALTEN, JAHRZEHNTELANG BRACHLIEGENDEN GELÄNDE DER BAHN EIN PRÄCHTIGER, WEITLÄUFIGER PARK MIT GROSSEN WIESENFLÄCHEN ENTSTANDEN, DAZWISCHEN BLUMENBEETE, EIN WÄLDCHEN UND SOGAR EINE OPEN-AIR KIRCHE. AUSSERDEM EIN LABYRINTH AUS LEBENDEN WEIDENRUTEN! BESONDERS SCHÖN IST ES HIER FÜR FAMILIEN. AUF DEN BREITEN LIEGEWIESEN DARF

G1   TOP TIPP

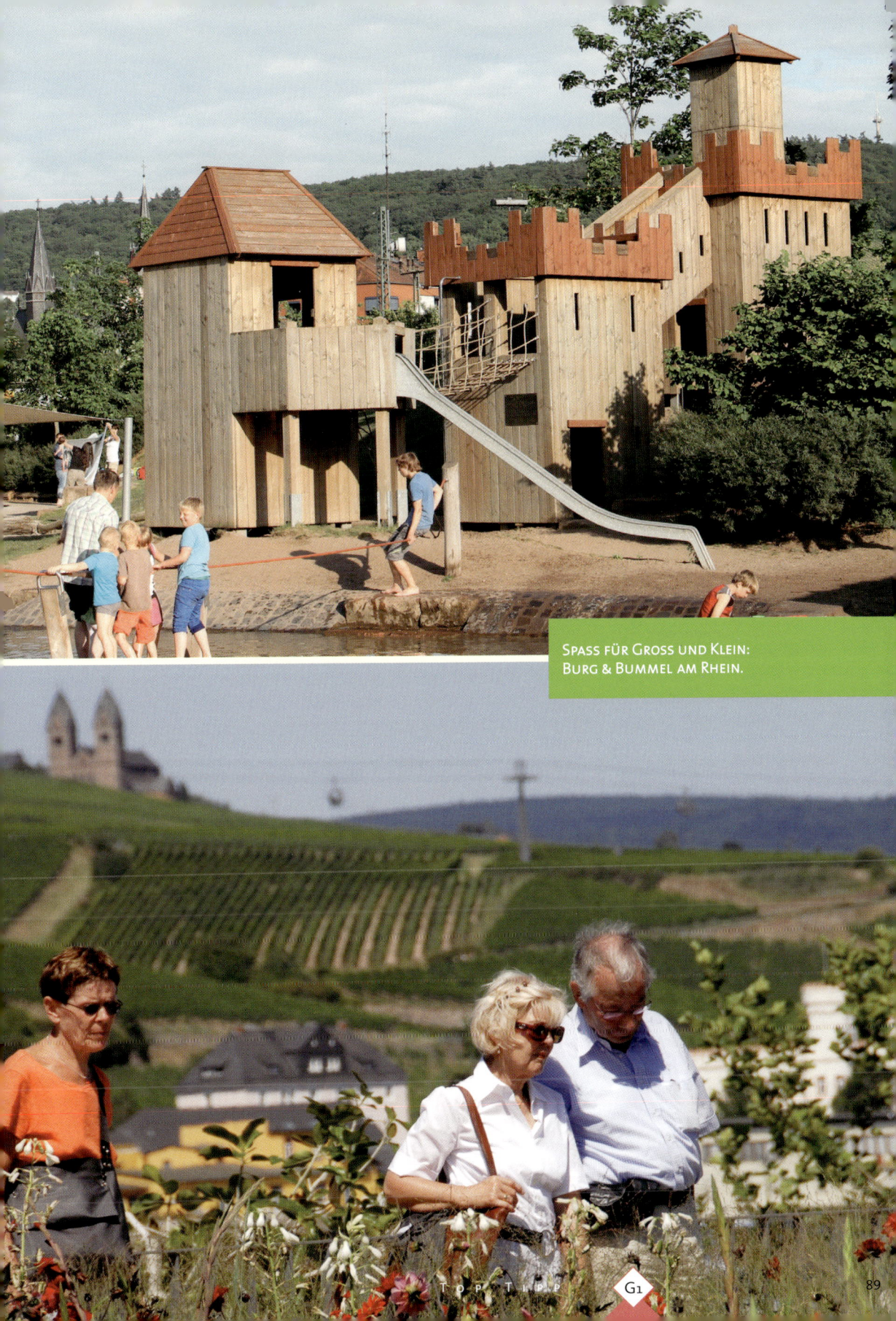

SPASS FÜR GROSS UND KLEIN:
BURG & BUMMEL AM RHEIN.

MAN IN DER SONNE LIEGEN ODER EIN PICKNICK VERANSTALTEN, WÄHREND SICH DIE KINDER AUF DEN SPIELPLÄTZEN AUSTOBEN. SPEKTAKULÄR IST DER GROSSE WASSERSPIELPLATZ: KASKADEN SPRUDELN EINE FELSENTREPPE HERAB, MÜNDEN IN KANÄLE, DIE SICH VERZWEIGEN UND WIEDER ZUSAMMENLAUFEN. ES GIBT STAUSTUFEN, PUMPEN, WASSERRÄDER, FLACHE UND STEILE UFER, STEINIGE UND BEGRÜNTE INSELN, BRÜCKEN UND AM ENDE SOGAR EINEN KLEINEN SEE MIT EINER HANDEBTRIEBENEN FÄHRE. DARÜBER THRONT EINE MEHRSTÖCKIGE SPIELBURG, DIE ZWISCHEN DER BURG KLOPP ÜBER BINGEN UND DER RUINE EHRENFELS AUF DER ANDEREN RHEINSEITE ALS BINDEGLIED FUNGIERT. RECHNEN SIE DAMIT, DASS DEN KINDERN DER ABSCHIED VON DIESEM ABENTEUERSPIELPLATZ SCHWERFÄLLT!

DIE GRÖSSEREN KÖNNEN GLEICH NEBENAN IM SKATERPARK IHRE KUNSTSTÜCKE ÜBEN, IHRE SPRÜNGE UND ARTISTISCHEN DREHUNGEN PRÄSENTIEREN. ODER AUF DEM SAND-FUSSBALLPLATZ EIN BISSCHEN BRASILIANISCHES STRANDFEELING ERLEBEN.

VOR ALLEM IM SOMMER IST DER „PARK AM MÄUSETURM" SCHAUPLATZ VON OPEN-AIR KONZERTEN. EIN KLEINES AMPHITHEATER BRINGT REGELMÄSSIG SCHAUSPIELE AUF DIE BÜHNE, GAUKLER UND STRASSENMUSIKER SIND BEIM KULTURUFERFEST UNTERWEGS. DER BLICK IN DEN VERANSTALTUNGSKALENDER LOHNT SICH.

FÜR VIELE BINGER BEDEUTET DIE SCHAFFUNG DIESES WUNDERBAREN PARKS DIE ERFÜLLUNG EINES LANG GEHEGTEN WUNSCHES: VOM KIESSTRAND AM RHEINUFER KANN MAN DEM SAGENUMWOBENEN MÄUSETURM, DEM WAHRZEICHEN DER STADT, NUN GANZ NAH SEIN, SO NAH WIE NIE ZUVOR.

INFORMATIONEN

AUSKUNFT

Tourist-Information Bingen
Rheinkai 21
55411 Bingen am Rhein
☎ *06721/184-205 /-206 /-200*
@ *www.bingen.de*

ANFAHRT

▶ *aus allen Richtungen Abfahrt Bingen Zentrum*
▶ *Parkplätze oberhalb des Rhein-Nahe-Ecks in der Stefan-George-Straße, Ecke Bingerbrücker Straße; von hier 5 Minuten Fußweg über die Nahebrücke.*

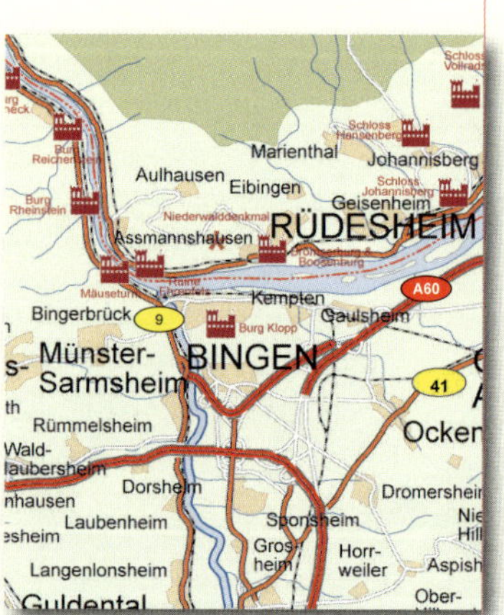

G1   TOP TIPP

Mythen
& Museen

Zeugnisse einer

Worms ist bekannt als Nibelungen- und Lutherstadt – und für seinen Dom. Einzigartig ist aber auch die rund 1000-jährige jüdische Geschichte. Nazi-Schergen haben die jüdische Gemeinde ausgelöscht, doch sind noch viele Zeugnisse der Erinnerung erhalten: Das vollständige Ensemble eines jüdischen Viertels mit Synagoge, das jüdische Museum und der Friedhof Heiliger Sand.

WORMS

Jüdische Kulturtage

In Worms hat sich 1996 „Warmaisa" gegründet, eine Gesellschaft, die die Pflege der jüdischen Kultur in Worms fördern und vor allem das Interesse junger Menschen an der traditionsreichen Geschichte der Juden in ihrer Region wecken will. Ein Beitrag dazu sind im Sommer die jüdischen Kulturtage, die gemeinsam mit der jüdischen Gemeinde Mainz und der Stadt Worms veranstaltet werden. Mit Vorträgen, Workshops, Konzerten jüdischer Künstler, von Klassik bis Jazz, wird an die tausendjährige Tradition der jüdischen Gemeinde in Worms angeknüpft. Höhepunkt ist das Sommerfest im Synagogengarten mit jüdischen und israelischen Speisen.

INFORMATIONEN

AUSKUNFT
Tourist Information Worms
Neumarkt 14
67547 Worms
☏ 06241/25045
@ www.worms.de
@ www.jgmainz.de
@ www.warmaisa.de

ANFAHRT
▶ Aus Mainz: A 63 bis Kreuz Alzey und weiter A 61 Richtung Ludwigshafen/Worms;
▶ Aus Bingen/Alzey: A 61 Richtung Ludwigshafen/Worms;
▶ Jeweils bis Abfahrt Worms-Zentrum;
▶ Öffentliche Parkplätze sind ausgeschildert.

Kaum eine andere Stadt in Europa besitzt eine derartige Vielfalt bedeutsamer Zeugnisse der reichen jüdischen Geschichte und Kultur wie Worms. Die Wormser Synagoge ist die älteste Steinsynagoge Deutschlands, erbaut im Jahre 1034. Zeitgleich mit dem neuen romanischen Dom erfolgte der Neubau 1174/75. Das Alter alleine macht ihren Ruhm allerdings nicht aus, es ist die Bedeutung der Jüdischen Gemeinde Worms (Warmaisa), die kontinuierlich bis zur NS-Herrschaft bestand und die im Mittelalter so berühmt war für ihre Gelehrsamkeit, dass sie den Beinamen „Klein-Jerusalem" trug. Die Wormser Synagoge wurde in der Reichspogromnacht zerstört, die jüdische Gemeinde erlosch durch Verschleppung, Ermordung und Emigration ihrer Mitglieder. Trotzdem beschlossen Stadt, Land und Bund, die Synagoge wegen ihrer überragenden geschichtlichen und religiösen Bedeutung 1961 originalgetreu aufzubauen. Sie wird heute von der jüdischen Gemeinde in Mainz wieder zu Gottesdiensten genutzt und steht Besuchern täglich offen. Gleich nebenan, im Garten der Synagoge, liegt der Eingang zur Mikwe, dem jüdischen Ritualbad. Beim Hinabsteigen über eine enge Steintreppe braucht es nicht viel Fantasie, um sich vorzustellen, wie über Jahrhunderte Menschen diesen Weg gegangen sind, um zur rituellen Reinigung in das große Becken im Innern einzutauchen.

Mehr über das Alltagsleben, Sitten und Gebräuche sowie die Geschichte der jüdischen Gemeinde Worms erfährt der Besucher im nahe gelegenen Raschi-Haus. Es ist das einzige Jüdische Museum in Rheinland-Pfalz. Benannt ist es nach Rabbi Salomo ben Isaak aus Troyes (genannt Raschi). Er war ein bedeutender Gelehrter seiner Zeit und soll um 1060 an der Talmudschule Worms studiert haben. Im Raschi-Haus kann man sich über die wichtigsten jüdischen Feste, beispielsweise das jüdische Neujahrsfest (Rosch HaSchana), das im Herbst gefeiert wird, oder den Versöhnungstag (Jom Kippur) informieren. Auch religiöse Bräuche, – von der Beschneidung des Neugeborenen bis zum Umgang mit dem Tod – werden veranschaulicht, ebenso der Gebetsschal (Tallit) oder die Kopfbedeckung (Kippa). Großen Raum nimmt auch das Sabbatfest ein.

Museum und Synagoge sind der Mittelpunkt des jüdischen Viertels. Sehenswert sind hier auch die Häuser in der Judengasse. Sie wurden in der 2. Hälfte des 14. Jahrhunderts auf mittelalterliche Gewölbe aufgestockt, mit dem Rücken zur Stadtmauer. Nach einem Spaziergang durch das Viertel sollte man unbedingt noch den Jüdischen Friedhof Heiliger Sand besuchen, der zwar etwas außerhalb liegt, aber leicht zu Fuß zu erreichen ist. Niemand, der diesen ehrwürdigen Ort mit offenem Herzen betritt, kann sich seiner Schönheit und Gelassenheit entziehen. Der Heilige Sand ist der älteste jüdische Friedhof Europas. Berühmte Rabbiner sind hier begraben, deshalb kommen viele Juden aus aller Herren Länder Hierher. Um die jüdische Kultur und Geschichte von Worms kennenzulernen, kann man sicherlich einen ganzen Tag einplanen.

SYNAGOGE UND HEILIGER SAND

reichen Geschichte

INFORMATIONEN

AUSKUNFT

▶ Tourist-Information Worms,
Neumarkt 14, 67547 Worms
☎ 06241/25045 @ www.worms.de
▶ Jüdische Synagoge, Synagogenplatz
(in der Judengasse), 67547 Worms
ℹ April–Okt.: tägl. 10–12.30 und
13.30–17 Uhr. Nov.–März: tägl. 10–12
und 14–16 Uhr.
▶ Jüdisches Museum im Raschi-Haus
Hintere Judengasse 6, 67547 Worms
☎ 06241/8534700
ℹ April–Okt.: Di.–So. 10–12.30 +
13.30–17 Uhr, Nov.–März: Di.–So.
10–12.30 + 13.30–16.30 Uhr.
▶ Jüdischer Friedhof Heiliger Sand
Willy-Brandt-Ring, 67547 Worms
ℹ Tägl. (außer an jüdischen
Feiertagen): 8–20 Uhr, im Winter bis
zum Einbruch der Dunkelheit geöffnet.
Führungen:
▶ Jüdisches Worms
ℹ April bis Oktober jeden 1. Sonntag
im Monat um 10.30 Uhr; Treffpunkt:
vor der Synagoge in der Judengasse.

ANFAHRT

▶ Aus Mainz: A 63 bis Kreuz Alzey und
weiter A 61 Richtung Ludwigshafen/
Worms;
▶ Aus Bingen/Alzey: A 61 Richtung
Ludwigshafen/Worms; jeweils bis
Abfahrt Worms-Zentrum;
▶ Öffentliche Parkplätze sind ausge-
schildert.

Fast vollständig erhalten: das jüdische Viertel.

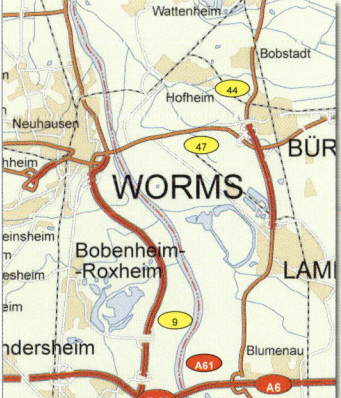

Wo die Augen

RÜDESHEIM

Weinmuseum Brömserburg

In den Sälen und Gewölben der über 1200 Jahre alten Burg ist eine der weltweit größten Sammlungen von Gegenständen der Weinerzeugung und des Weingenusses unterge- bracht. Im Garten der Burganlage sind alte Holzkeltern sowie eine Baumkelter von 1594, Weinfässer und Fasskarren ausgestellt. Im Innern dann kostbare Trinkgefäße aus der Antike, mittelalterliche Weinkrüge, Flaschen, Korkenzieher sowie traditionelle Arbeitsgeräte der Winzer. Zu den Prunkstücken zählt eine historische Sammlung von Wein- und Schnapsgläsern. Antike Dionysos-Plastiken, Messkelche und Weinheilige erklären die Bedeutung des Weines für die Mythologie und die Religion. Noch immer in der Flasche: einer der ältesten Weine des Museums, ein „Rüdesheimer Apostelwein", Jahrgang 1727.

INFORMATIONEN

AUSKUNFT

Rheingauer Weinmuseum Brömserburg
Rheinstraße 2
65385 Rüdesheim am Rhein
☎ *06722/2348*
@ *www.rheingauer-weinmuseum.de*
@ *info@rheingauer-weinmuseum.de*

ANFAHRT

▶ *Aus Alzey: A 63 bis Kreuz Mainz-Süd;*
weiter A 60 Richtung Koblenz;
▶ *Aus Bingen/Mainz: A 60 bis Abfahrt*
Wiesbaden (Schiersteiner Brücke);
▶ *Weiter Abfahrt A 66 Richtung*
Rüdesheim; durch Rüdesheim hindurch,
kurz vor dem Ortsende rechts;
▶ *Parkplätze in der Nähe.*

Dort, wo es viele nicht vermutet hätten, im Brömserhof oberhalb der Drosselgasse in Rüdesheim können Besucher eine der größten Sammlungen selbst spielender, mechanischer Musikinstrumente in Deutschland erleben. Eine Zeitreise vom 18. bis ins 20. Jahrhundert.

Wer heute Musik hören will, der legt sich eine CD ein oder – noch einfacher – hängt sich einen I-Pod um den Hals. Jede Art von Musik steht auf Knopfdruck in Top-Qualität zur Verfügung. Da vergisst man leicht, dass es so einfach nicht immer war. Vor Jahrhunderten waren Musikfans auf ganz andere Techniken angewiesen. So erfanden geniale Tüftler damals selbst spielende Musikinstrumente. Wie diese Wunderwerke der Technik aussahen, wie sie funktionierten und was sich in ihrem Inneren verbarg, das lernt man in Siegfried's Mechanischem Musikkabinett.

Bestiftete Walzen, wie sie beispielsweise in Drehorgeln oder Spieldosen vorkommen, waren ein Meilenstein in der Geschichte dieser Instrumente. Ebenso die Erfindung geloch- ter Scheiben und Kartonstreifen. Springt ein Tastfinger in ein Loch im Karton wird ein Ventil geöffnet, der Luftstrom bringt eine Tonzunge zum Klingen. Der Einsatz elektrischer Motoren gab der Entwicklung einen weiteren Schub.

Was mithilfe dieser Erfindungen alles möglich war, ist erstaun- lich. Den Klang von mechanischen Karussellorgeln kennen viele, dass aber sogar ein ganzes Orchester in einem großen Schrank untergebracht sein kann, ist vielen nicht bekannt. Umso faszi- nierender ist es, wenn Museumsmanagerin Marlis Steinmetz bei einer Führung eine so genannte „Weber-Maestro" aus dem Jahr 1920 anwirft. Sechzehn Musikinstrumente set- zen sich in dem Möbelstück in Bewegung und erzeugen eine Musik, die klingt, als würde ein ganzes Orchester im Wohnzimmer aufspielen – und zwar ohne, dass dabei auch nur ein Mensch seine Finger im Spiel hat. Man kann sich heute kaum mehr vorstellen, wie ein solches Instrument auf Menschen gewirkt haben muss, die keine Musik aus der Steckdose kannten. Als achtes Weltwunder wurde dann auch die „Hupfeld-Phonoliszt-Violina" bezeichnet, die bei allen, die sie damals hörten (und auch heute hören), wahre Begeisterungsstürme auslöste. Der Firma Hupfeld war es gelungen, ein Instrument zu bauen, bei dem Violinen von mechanischen Fingern gespielt werden. Heute sind nur noch 60 Original-Instrumente erhalten, eines davon ist in Rüdesheim zu sehen. Dass eine dieser „Hupfeld-Phonoliszt-Violinas" mit der Titanic untergegangen ist, zeigt, dass sich nicht alle Menschen einen solchen Apparat leisten konn- ten. Heute haben manche dieser Instrumente den Preis eines Wohnhauses. Neben den groß- en Musik-Maschinen gibt es in Rüdesheim auch sehr kleine, wie den „Singvogelautomaten" zum Beispiel, der in kostbare Gold- und Silberdöschen sowie Schnupftabakdosen eingesetzt wurde. Betätigt man den Mechanismus, kommt ein kleiner, gefiederter Vogel zum Vorschein, der zwitschert wie ein echter.

Ohren machen

Singvogeldose.

INFORMATIONEN

AUSKUNFT

Siegfried's Mechanisches Musikkabinett
Im Brömserhof
Oberstraße 27–29
65385 Rüdesheim am Rhein
☏ 06722/49217
@ www.siegfrieds-musikkabinett.de
① März–Dez. Führungen
tägl. 10–18 Uhr; 18–22 Uhr auf Anfrage

ANFAHRT

▶ Aus Alzey: A 63 bis Kreuz Mainz-Süd;
weiter A 60 Richtung Koblenz;
▶ Aus Bingen/Mainz: A 60 bis Abfahrt
Wiesbaden (Schiersteiner Brücke); wei-
ter Abfahrt A 66 Richtung Rüdesheim;
▶ Durch Rüdesheim hindurch und
vor dem Bahnübergang rechts zu den
Parkplätzen.

Schon gehört?

Die Erfindung des Radios markierte das Ende der mechanischen Musikinstrumente, eine ganze Industrie hörte auf, zu existieren. Wie gut, dass Siegfried Wendel, der Gründer des Museums, etliche der wundersamen Geräte aus aller Welt zusammengetragen hat und sie in seinem Museum ausstellt. Etwa 400 davon sind in sieben Räumen des Brömserhofes zu sehen und zu hören: Ein einmaliger Eindruck aus längst vergangenen Zeiten.

In Gutenbergs

Johannes Gutenberg, der Erfinder des Buchdrucks, ist der berühmteste Sohn der Stadt Mainz. Selbstredend, dass die Mainzer ihm ein Museum gewidmet haben. Nebenan, im Druckladen, kann jeder zum Praktiker werden, kann als Setzer und Drucker den Gutenberg in sich entdecken und dabei die große Erfindung nachvollziehen.

ELTVILLE

Wiege der Buchdruckerkunst

Gutenberg hat nicht nur in Mainz, sondern auch im Rheingau Spuren hinterlassen. Noch zu seinen Lebzeiten eröffneten die Brüder Heinrich und Nikolaus Bechtermünze in der zweiten Hälfte des 15. Jahrhunderts in Eltville eine kleine Druckerei. Damit ist die Rosenstadt eine der ältesten Druckstätten der Welt. Ob Johannes Gutenberg die Brüder unterstützt hat, ist unbekannt. Unstrittig ist aber, dass es Kontakte gegeben haben muss, schließlich wohnte Gutenbergs älterer Bruder Friele in Eltville. Gästeführer gekleidet in historischen Kostümen, führen in der Rolle als Gutenberg durch die Altstadt und die Kurfürstliche Burg (Gutenberg Gedenkstätte).

INFORMATIONEN

AUSKUNFT
Tourist-Information Eltville
Rheingauer Straße 28
65343 Eltville am Rhein
☎ *06123/90980*
@ *www.eltville.de*
ℹ *Gästeführungen können bei der Tourist-Information gebucht werden.*

ANFAHRT
▶ *Aus Alzey: A 63 bis Kreuz Mainz-Süd; weiter A 60 Richtung Koblenz;*
▶ *Aus Bingen/Mainz: A 60 bis Abfahrt Wiesbaden (Schiersteiner Brücke);*
▶ *Weiter bis Abfahrt A 66 Richtung Rüdesheim;*
▶ *Weiter A 66 bis Abfahrt Eltville;*
▶ *Parkplätze an der Weinhöhle und am Entenplatz.*

„Was ich tue mit Ruhe und mit Mut wird gut".

Dieser Satz, aus bunten Buchstaben auf Papier gebracht, hängt im Druckladen wie auf einer Fahne, von der Decke herab, und man könnte ihn als Motto verstehen. Hier geht nichts schnell, hastig und unüberlegt. Schon die Umgebung bremst den computergewohnten, oft unter Stress stehenden Besucher aus. Viel Holz und gedämpftes Licht schaffen eine behagliche Atmosphäre. Hier wird wieder von Hand gearbeitet wie zu Gutenbergs Zeiten. Durch Setzen und Drucken entstehen neue Schrifterzeugnisse. Dazu stehen Handpressen bereit und Tausende von Buchstaben liegen in den Setzkästen, als warteten sie nur darauf, endlich hervorgeholt und zu Wörtern und Sätzen zusammengefügt zu werden.

Der Geruch von Druckerschwärze und Lösungsmittel liegt in der Luft. Rote, blaue und gelbe Farben leuchten von Steinen und Walzen, mit denen die Druckfarbe aufgetragen wird. Die gefertigten Drucke hängen zu Hunderten von der Decke des Druckladens, sozusagen als ständig wechselnde Dauerausstellung. Sie müssen mindestens 24 Stunden trocknen, erst dann können die Plakate, Bilder, Visitenkarten, Hochzeitseinladungen oder Geburtstagskarten mitgenommen (oder zugeschickt) werden. Man muss kein Meister sein, um hier drucken zu kön-

Jeder ein kleiner Gutenberg.

Fußstapfen

nen, denn jedem stehen erfahrene Setzer und Drucker zur Seite. Sie alle arbeiten ehrenamtlich für Gutenbergs Sache. „Zusammengehalten" wird der Druckladen von Dr. Otto Martin, dem Initiator dieser Einrichtung. Seit der Eröffnung 1990 ist er der Motor hinter diesem einmaligen Anliegen, der Erhaltung der „schwarzen Kunst" durch das eigene Tun. Denn heute ist Gutenbergs Erfindung von moderneren Drucktechniken überholt.

Was der um 1400 in Mainz geborene Patriziersohn im Laufe seines Lebens entwickelt hat, ist nicht hoch genug einzuschätzen. Gutenbergs Erfindung war die Initialzündung für die

Kostbare Üerlieferung: die Gutenbergbibel.

Massenproduktion von Büchern, weil jetzt Seite für Seite aus einzelnen Buchstaben gesetzt und in beliebiger Stückzahl gedruckt werden konnte. Ohne Gutenberg kein Sprung in die Neuzeit, keine Reformation, keine Alphabetisierung breiter Bevölkerungsschichten, kein Goethe, kein Lesevergnügen für alle. Nicht umsonst wurde Johannes Gutenberg vom „Time Magazin" zum Mann des Jahrtausends gekürt.

Im Druckladen wird diese Faszination, die zuvor bei einem Gang durch das Gutenberg-Museum erzeugt wurde, tatsächlich nachvollziehbar. Kinder, Eltern und Großeltern, Studenten, Fachleute und Künstler – alle sind dabei, jeder ist willkommen. Längst ist der Druckladen Anlaufstelle bei Geburtstagen und Firmenfeiern. Man kann beobachten, wie sich nach dem Vertrautwerden mit der Drucktechnik der Aktionsradius der Besucher vergrößert, wie die Lust am Drucken immer weiter zunimmt.

Zurück bleibt das Gefühl, ein Stück Tradition bewahrt und ihr durch eigene Ideen und Kreativität frischen Wind eingeblasen zu haben. Passend dazu der Spruch auf einem weiteren Plakat, das von der Decke baumelt: „Tradition ist nicht das Bewahren von Asche, sondern das Schüren der Flamme".

I N F O R M A T I O N E N

AUSKUNFT

▶ Druckladen des Gutenberg-Museums
Seilergasse 1
55116 Mainz
☎ 06131/122686
@ www.gutenberg-museum.de
🛈 Mo.–Fr. 9–17 Uhr, Sa. 10–15 Uhr und nach Vereinbarung. Zusätzlich jeden ersten Do. im Monat bis 20 Uhr

▶ Gutenberg-Museum
Liebfrauenplatz 5
55116 Mainz
☎ 06131/122640 od. 44
@ www.gutenberg-museum.de
🛈 Di.–Sa. 9–17 Uhr, So. 11–17 Uhr.

ANFAHRT

▶ Aus Bingen: A 60 bis Abfahrt Saarstraße/Zentrum.
▶ Aus Rüdesheim/Wiesbaden: Über die Schiersteiner Brücke bis Abfahrt Mainz-Mombach/Zentrum.
▶ Aus Alzey: A 63 bis Mainz-Zentrum;
▶ Der Druckladen befindet sich direkt neben dem Gutenbergmuseum am Dom.

Museum für die Nibelungen

Die Nibelungen gehören zur Wormser Stadtgeschichte (siehe Nibelungen-Festspiele), insofern ist es nur folgerichtig, dass ihnen hier ein Museum errichtet wurde. Aber nicht irgendeines: Das Nibelungen Museum könnte man als begehbares Hörbuch bezeichnen. Der anonyme Dichter des Nibelungenliedes führt jeden Besucher durch das Heldenepos, in dem es um Macht, Liebe, Intrigen, Hass und Tod geht. Mario Adorf hat ihm seine Stimme geliehen, was höchsten Hörgenuss verspricht. Daneben gibt es Führungen, Workshops, Lesungen, Vorträge und Sonderausstellungen. Für Kinder wird ein eigenes Programm angeboten.

INFORMATIONEN

AUSKUNFT

▶ Nibelungen Museum
Fischerpförtchen 10
67547 Worms
☏ 06241/202120
@ www.nibelungenmuseum.de
▶ Tourist Information Worms
Neumarkt 14
67547 Worms
☏ 06241/25045
@ www.worms.de

ANFAHRT

▶ Aus Mainz: A 63 bis Kreuz Alzey und weiter A 61 Richtung Ludwigshafen/Worms;
▶ Aus Bingen/Alzey: A 61 Richtung Ludwigshafen/Worms;
▶ Jeweils bis Abfahrt Worms-Zentrum;
▶ Weiter Richtung Dom/Rathaus/Marktplatz, dort in die Hagenstraße, dann vierte Straße links, erste rechts.

Liebe, Hass und

2002 wurden in Worms die Nibelungen-Festspiele gegründet. Seitdem hat sich das Festival einen Namen in ganz Deutschland gemacht. Zehntausende strömen zu den Aufführungen. Das liegt zum einen an der hochkarätigen Besetzung und zum andern an der magischen Kulisse vor dem Wormser Dom.

Die Wormser haben sich einiges getraut, als sie die Nibelungen-Festspiele aus der Taufe hoben. „Nicht kleckern, sondern klotzen" war die Devise und die hat sich bis heute als goldrichtig erwiesen. Kein Geringerer als Regisseur Dieter Wedel übernahm die Inszenierung, und was die Schauspieler betrifft, so stand in Worms in den letzten Jahren alles, was Rang und Namen hat, auf der Bühne: Otto Sander, Manfred Krug, Sonja Kirchberger, Jasmin Tabatabai, André Eisermann, Joachim Król, Mario Adorf, Maria Schrader – um nur einige zu nennen.

Warum aber gerade Worms als Ort der Nibelungen-Festspiele? Ganz einfach: Die meisten Szenen des mittelalterlichen Heldenepos spielen in und um Worms, die Nibelungensage gehört zur Historie der Stadt. Siegfried der Drachentöter, ausgestattet mit seiner Unverwundbarkeit nach einem Bad im Drachenblut, seiner Tarnkappe, mit der er sich unsichtbar machen kann, und dem legendären Nibelungenschatz, kommt in der Sage an den Wormser Königshof und wirbt um die Schwester des Königs, Kriemhild. Der König stimmt unter einer Bedingung zu: Siegfried soll ihm helfen, die mächtige Königin von Island, Brünhild, zu erobern. Das kann nur mithilfe der Tarnkappe gelingen, denn Brünhild hat übermenschliche Kräfte, die sie gegen jeden Freier einsetzt.

Rache und Tod

Diese List ist der Beginn eines Dramas, das, erfüllt von Liebe, Hass, Macht, Rache und Intrigen, am Ende dazu führt, dass alle den Tod finden und der Nibelungenschatz untergeht. Wo, darüber streiten sich Gelehrte und Glücksritter noch immer.

Bis heute lässt der Text des Nibelungenliedes viele Fragen offen und ermöglicht so immer wieder neue Interpretationen des Stoffes. Das macht die Nibelungen so interessant für den Zuschauer. Warum verrät Kriemhild die verwundbare Stelle Siegfrieds, auf der das Lindenblatt beim Bad im Drachenblut lag, und ermöglicht so, dass er getötet werden kann? Welches Verhältnis hat Siegfried tatsächlich zu Brünhild? Kennen sich die beiden von früher? Das Stück lässt sich nicht nur als Liebesdrama, sondern auch politisch deuten. Denn was die Kategorien Hass, Gewalt und Vergeltung angeht, so reichen die Lesarten des Stoffes weit hinein in die Konflikte der Gegenwart. Wer ist Opfer, wer ist Täter?

Der Erfolg der Nibelungen-Festspiele beruht aber nicht nur auf der gewaltigen Geschichte, die bis heute Zuschauer in ihren Bann schlägt, sondern liegt auch an der Kulisse, dem Wormser Dom. Unter freiem Himmel entfaltet sich eine unvergleichliche Atmosphäre. Außerdem werden die Festspiele von einem hochkarätigen Kulturprogramm begleitet: Lesungen bekannter Schauspieler, Konzerte, Ausstellungen, Workshops und Theaterprojekte für Kinder.

Die Wormser haben mit ihrem Mut einiges erreicht: Der Nibelungen-Stoff ist durch die Festspiele in ganz Deutschland wiederbelebt worden. Worms, so scheint es, hatte zum richtigen Zeitpunkt die rechte Idee.

INFORMATIONEN

AUSKUNFT

Nibelungenfestspiele Worms
Von-Steuben-Str. 5
67549 Worms
☎ 01805/337171 (Tickethotline)
@ www.nibelungenfestspiele.de
🗓 Spielzeit im Sommer.

ANFAHRT

▶ Aus Mainz: A 63 bis Kreuz Alzey und weiter A 61 Richtung Ludwigshafen/Worms.
▶ Aus Bingen/Alzey: A 61 Richtung Ludwigshafen/Worms; jeweils bis Abfahrt Worms-Zentrum.
▶ Öffentliche Parkplätze sind ausgeschildert.

Alle Jahre wieder: Staraufgebot bei den Nibelungen.

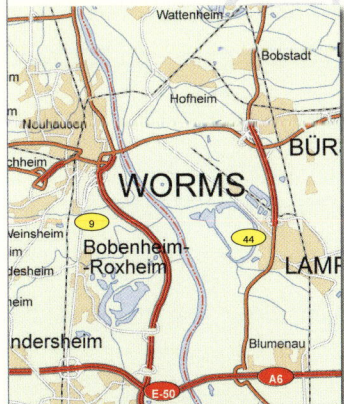

Musik in ungewöhnlichem Ambiente

Viele rheinhessische Winzerbetriebe beherbergen architektonische Kleinode, die es so nur in Rheinhessen gibt: Historische Kreuzgewölbe (▶ Seite 114). Früher wurden sie als Ställe genutzt – daher der Name „Kuhkapellen" – und nicht gerade besonders gepflegt. Doch dann gründete sich die Interessengemeinschaft Rheinhessische Weingewölbe, die den Wert der Gewölbe erkannt hatte. Viele Kuhkapellen wurden daraufhin restauriert, und in einigen von ihnen wird nun ein exklusives Musikvergnügen angeboten: „Klassik im Gewölbe". Ausgezeichnete Nachwuchsmusiker spielen in den historischen Räumen. Neben Leckerbissen für die Ohren, gibt es auch Leckerbissen für den Gaumen.

INFORMATIONEN

AUSKUNFT

Rheinhessen-Touristik GmbH
Friedrich-Ebert-Str. 17
55218 Ingelheim am Rhein
☏ 06132/4417-0
@ www.rheinhessen.de

ANFAHRT

▶ Je nach Veranstaltungsort. Siehe hierzu die Angaben unter Auskunft.

Zu Besuch bei der

Das Brentanohaus war im 19. Jahrhundert Treffpunkt eines großen romantischen Freundeskreises: Goethe, Bettina und Clemens Brentano, die Gebrüder Grimm und viele andere verweilten hier. Heute kann man bei einer Führung durch das Haus den Geist vergangener Zeiten spüren, denn Zimmer und Salon sind original erhalten geblieben.

Goethe fand's gut: Szene im Arbeitszimmer.

Fast ehrfürchtig steht man vor einem der Zimmer, die man über den großen Salon erreicht: ein Bett, Nachttisch, eine Waschschüssel, an den Wänden leuchtend blaue Tapeten, schwere Teppiche auf dem Boden. „Hier hat Goethe übernachtet, als er 1814 und 1815 den Rheingau bereiste", erklärt Baron von Brentano bei der Führung durch sein Haus, und irgendwie hat man das Gefühl, dem Dichtergenie dadurch ein bisschen näher zu sein. Schließlich ist kaum ein Zimmer, in dem sich Goethe einmal aufgehalten hat, noch so unverändert erhalten wie im Brentanohaus. Auch das daneben liegende Schreibzimmer, der Salon, der knarrende Holzboden oder das reich verzierte Treppenhaus, alles gibt einen derart lebendigen Eindruck vom Lebensgefühl einer längst vergangenen Zeit, dass es kaum wundern würde, käme einer der ehemaligen Gäste plötzlich leibhaftig zur Tür herein. Das Brentanohaus ist seit über zweihundert Jahren im Besitz der gleichnamigen Adelsfamilie, die ursprünglich aus Italien stammt („Brenta" ist eine Butte, mit der die Trauben rücklings aus dem Weinberg gebracht werden). Die Familie nutzte das Haus als Sommersitz. Clemens Brentano, einer der Begründer der Rheinromantik, noch häufiger Bettina Brentano und ihr späterer Mann Achim von Arnim verbrachten hier die Sommermonate. Durch sie kamen viele bedeutende Persönlichkeiten in das Haus, von denen der bekannteste Goethe ist. Aber auch die Dichterin Karoline von Günderode gehörte zum Freundeskreis von Bettina von Arnim. Wegen einer unglücklichen Liebe erdolchte sie sich 1806 am Rheinufer und wurde in Winkel beerdigt. Zu ihrem Grab pilgern Germanisten aus der ganzen Welt.

Adelsfamilie Brentano

Die heutigen Nachkommen der Brentanos bewohnen das Haus in Winkel noch immer und gewähren den Besuchern bei einer Führung private Einblicke. Wer sich für Wein, Musik und Literatur begeistert, dem sei die sogenannte „Salonkultur" empfohlen. Mit diesen Veranstaltungen wollen die Brentanos an die gesellschaftlichen Gepflogenheiten des 18. und 19. Jahrhunderts anknüpfen, als man sich abends im Salon zu Musik, Gesprächen oder kleinen Aufführungen traf. Dabei wurde sicherlich dem Wein zugesprochen, der in den zum Brentanohaus gehörenden Weinbergen heranwuchs. Auch heute noch betreibt die Familie Brentano das Weingut. Alle Weine, die das Haus verlassen, tragen den Namen „Goethewein aus dem Brentanohaus". Schließlich ist überliefert, dass Goethes persönlicher und künstlerischer Aufschwung auch dem Genuss des Weins aus dem Brentanoschen Weingut zu verdanken ist, er ließ ihn sich sogar nachschicken.

Heute kann man die edlen Tropfen bei einer Weinprobe oder im Gutsausschank des Brentanohauses probieren. Hier werden Rheingauer Spezialitäten und Gerichte aus der mediterranen Küche angeboten, die an die südländischen Wurzeln der Brentanos erinnern. Der Besuch sollte mit einem Spaziergang durch den direkt am Haus gelegenen Weinberg enden. Wenn Goethe hier wandelte, wollte er von niemandem gestört werden. Wer einmal hier war, weiß warum.

INFORMATIONEN

AUSKUNFT

Baron von Brentano
Am Lindenplatz 2
65375 Oestrich-Winkel
☏ 06723/2068
@ www.brentano.de
Einmal im Monat werden samstags offene Führungen angeboten.
🗓 Termine auf der Internetseite.
Zu weiteren Führungen sowie zur Salonkultur und zu Weinproben ist eine Anmeldung erforderlich.

ANFAHRT

▶ Aus Alzey: A 63 bis Kreuz Mainz-Süd; weiter A 60 Richtung Koblenz;
▶ Aus Bingen/Mainz: A 60 bis Abfahrt Wiesbaden (Schiersteiner Brücke); weiter bis Abfahrt A 66 Richtung Rüdesheim; weiter A 66 bis B 42 und Abfahrt Winkel;
▶ In Winkel der Beschilderung „Brentanohaus" folgen; das Brentanohaus liegt direkt gegenüber der „Brentanoscheune".
▶ Parkplätze hinter dem Haus.

Hier scheint die Zeit stehen geblieben zu sein: Zimmer im Brentanohaus.

Die Jecken sind los

MANCHERORTS AUSSERHALB VON MAINZ WIRD ÜBER DIE NARREN DIE NASE GERÜMPFT. MAN VER-
STEHT NICHT, WAS DIESE MENSCHEN IN DER „FÜNFTEN JAHRESZEIT" UMTREIBT. DAS KANN AUCH
DARAN LIEGEN, DASS VIELE GAR NICHT WISSEN, DASS ES BEI DER FASTNACHT NICHT NUR UM SPASS
AUF DER GASS' GEHT. DIE MAINZER FASTNACHT HAT EINE LANGE TRADITION UND JEDER VEREIN
SEINE EIGENE INTERESSANTE GESCHICHTE. BEREITS IM 16. JAHRHUNDERT KAM ES ZU SOGENANNTEN
NÄRRISCHEN UMTRIEBEN. DOCH ERST 1838 GAB ES DEN ERSTEN GROSSEN FASTNACHTSUMZUG, DEN
DER NEU GEGRÜNDETE MAINZER CARNEVALVEREIN (MCV) AUF DIE BEINE STELLTE. MAN WOLLTE
DEM KARNEVALISTISCHEN WILDWUCHS AUF DEN STRASSEN EIN ENDE BEREITEN, DENN SAUFORGIEN
UND PÖBELEIEN HATTEN BIS DAHIN DIE FASTNACHTSTAGE BEGLEITET. JETZT SOLLTEN „FROHSINN
UND WOHLTUN" IM MITTELPUNKT STEHEN. DAMALS KONNTE NOCH KEINER AHNEN, DASS SICH
DIE FROHSINNSVEREINIGUNG BALD POLITISCHER UND ZEITGESCHICHTLICHER THEMEN ANNEHMEN
WÜRDE. DIESE REICHTEN VON DER EINSCHRÄNKUNG DER PRESSEFREIHEIT IM VORMÄRZ BIS BEISPIELS-
WEISE ZUM „ZÖLIBAD" 1993, BEI DEM AUF EINEM DER MOTIVWAGEN EINE BLONDINE MIT EINEM
PRIESTER IN DER BADEWANNE SASS (DER WAGEN FIEL SCHLIESSLICH ZWEI MOLOTOWCOCKTAILS
ZUM OPFER). FÜR DIE MUSIK SORGTEN VON ANFANG AN GARDEN WIE DIE RANZENGARDE, DIE MIT
IHREN DICKEN (AUSGESTOPFTEN) BÄUCHEN, DEN RANZEN, DIE LANGEN KERLE DES PREUSSENKÖNIGS
FRIEDRICH WILHELM PARODIERTEN. VIELE UNIFORMEN, DIE IN DER „FASSENACHT" AUCH HEUTE
NOCH ALLGEGENWÄRTIG SIND, WAREN URSPRÜNGLICH PARODIEN AUF DIVERSE FRANZÖSISCHE
REGIMENTER, DEREN SOLDATEN IN DER GARNISONSSTADT MAINZ STATIONIERT WAREN UND AUF DIESE
WEISE VON DER BEVÖLKERUNG „VERÄPPELT" WURDEN. INZWISCHEN IST DIE FASTNACHT ZU EINEM
TOURISTENMAGNET UND BEDEUTENDEN WIRTSCHAFTSFAKTOR GEWORDEN. SIE BEGINNT AM 11.11. UM
11.11 UHR MIT DER VERLESUNG DER FASTNACHTSGESETZE UND ENDET MIT DEM FASTNACHTSBEGRÄBNIS
IN DER NACHT ZUM ASCHERMITTWOCH. DAZWISCHEN LIEGEN UNTER ANDEREM UNZÄHLIGE
FASTNACHTSSITZUNGEN, AUCH IN DEN UMLIEGENDEN ORTSCHAFTEN, VON DENEN DIE FERNSEHSITZUNG
„MAINZ BLEIBT MAINZ, WIE ES SINGT UND LACHT" NUR DIE BEKANNTESTE IST, DER NEUJAHRS- UND
DER JUGENDMASKENZUG (▶ SEITE 142) UND NATÜRLICH DER ROSENMONTAGSUMZUG, DER SICH MITT-
LERWEILE ZU EINEM MEDIENSPEKTAKEL ENTWICKELT HAT. IN ZAHLEN: ÜBER 8.500 AKTIVE, RUND EINE
HALBE MILLION ZUSCHAUER AM STRASSENRAND UND MEHRERE MILLIONEN VOR DEN BILDSCHIRMEN.
NEUERUNGEN SIND DER TANZ AUF DER LU(DWIGSSTRASSE) AM FASTNACHTSWOCHENENDE UND DIE
ROSENMONDNACHT, DIE BESONDERS DIE JUNGEN LEUTE AN DIE FASTNACHT HERANFÜHREN SOLL.
WENN DANN AM ASCHERMITTWOCH ALLES VERLOREN IST, TRÖSTEN SICH DIE NARREN BIS ZUM 11.11.
IN IHREM MAINZER FASTNACHTSMUSEUM ODER AM FASTNACHTSBRUNNEN AM SCHILLERPLATZ, DEN
AUCH JEDER TOURIST GESEHEN HABEN SOLLTE.

11.11. BEGINN VERKÜNDUNG DES NÄRRISCHEN GRUNDGESETZTES
NEUJAHR
NEUJAHRSUMZUG DER MAINZER GARDEN DURCH DIE INNENSTADT
FASTNACHTSSAMSTAG
JUGENDMASKENZUG
FASTNACHTSSONNTAG
TANZ AUF DER LU(DWIGSSTRASSE)
AUSSTELLUNG DER MOTIVWAGEN
ROSENMONTAG
ROSENMONTAGSZUG
ROSENMONDNACHT
FASTNACHTSDIENSTAG
KAPPENFAHRT (DER FASTNACHTSVEREINE DURCH DIE INNENSTADT)
ASCHERMITTWOCH
BEERDIGUNG DER FASTNACHT

Burgen
&
Bauten

„Die Tür steht offen,

Das ganze Jahr ein wunderbares Ziel: Kloster Eberbach.

FLONHEIM

Vermächtnis aus Apulien

Nicht nur die sanften Weinbergshügel erinnern in Rheinhessen an den Süden, auch Weinbergshäuschen, die es in Deutschland nur hier gibt: Trullis. Man glaubt, dass italienische Gastarbeiter sie vor mehr als 250 Jahren gebaut haben, denn auch in Apulien gibt es diese steinernen Unterstände. Das Besondere ist ihr runder Grundriss, die meisten werden durch ein kegelförmiges Kuppelgewölbe überdacht. Aus viel mehr besteht ein Trullo nicht, und vielleicht fühlen sich die Menschen gerade von dieser Einfachheit angezogen. Über 30 dieser Weinbergshäuschen gibt es in Rheinhessen, unter anderem in Flonheim, Osthofen und Heimersheim. Sie stehen jedem offen.

INFORMATIONEN

AUSKUNFT

Rheinhessen-Touristik GmbH
Friedrich-Ebert-Str. 17
55218 Ingelheim am Rhein
℡ *06132/4417-0*
@ *www.rheinhessen.de*

ANFAHRT

▶ *Aus Bingen: A 61 Richtung Alzey;*
▶ *Aus Mainz: A 63 bis Kreuz Alzey;*
weiter A 61 Richtung Koblenz.
▶ *Aus Alzey: A 61 Richtung Koblenz;*
▶ *Jeweils Abfahrt Gau-Bickelheim,*
weiter nach Wallertheim; in Ortsmitte
Wallertheim rechts nach Flonheim;
▶ *Der Trullo auf dem Adelberg (einer*
der bekanntesten) ist ausgeschildert.

In einem malerischen Seitental über Eltville, eingerahmt von Wald und Weinbergen, liegt Kloster Eberbach, eine der schönsten Zisterzienser-Abteien Deutschlands. Die weitläufige Anlage aus dem 12. Jahrhundert ist vollständig erhalten und steht Besuchern offen. Die uralte Weinbautradition des Klosters lockt Liebhaber aus aller Welt in den Rheingau.

Wenn man sich durch das alte, steinerne Tor dem ehemaligen Kloster nähert, wird man unweigerlich von der Atmosphäre dieses Ortes ergriffen. Die wuchtige Kirche, der gepflegte Klostergarten, die hoch aufragenden Gebäude mit den roten Fachwerkbalken und steinernen Fensterbögen. Aus allem hier spricht der mönchische Wille zu äußerer und innerer Harmonie. Nichts Überflüssiges stört den Gesamteindruck, Schönheit entsteht durch klösterliche Disziplin. Gegründet wurde das Kloster im Jahre 1136 vom Leiter des Zisterzienser-Ordens, Bernhard von Clairvaux.

Eberbach, das sieht man noch heute deutlich, war ein reiches Kloster. Einen großen Teil des Wohlstandes erwirtschafteten die Mönche mit dem Weinbau, den sie hier über 700 Jahre lang kultivierten. Im Mittelalter galt die Abtei als wichtigstes Weinhandelsunternehmen weltweit.

mehr noch das Herz!"

Zwölf massive, hölzerne Weinpressen zeugen von den enormen Traubenmengen, die hier verarbeitet wurden. Bei einer Führung durch das Kloster lernt man unter anderem, dass die für den Rheingau und Rheinhessen typische, weltberühmte Rieslingtraube von hier aus ihren Siegeszug angetreten hat. Außerdem bekommt der Besucher eine Ahnung davon, wie entbehrungsreich das Leben der Klosterbewohner gewesen sein muss, ganz im Sinne des Gebots „Ora et labora – Bete und arbeite!". Man durfte meist nicht sprechen, nur wenig schlafen, erhielt kärgliche Nahrung, lebte in feuchten, ungeheizten Räumen und arbeitete von früh bis spät. Die asketische Lebensweise der Zisterzienser spiegelt sich in der schmucklosen Architektur und kargen Einrichtung ihrer Gebäude wider. Doch gerade dieser Verzicht auf das Unnötige macht die Eleganz und Schönheit der Klosteranlage aus. Die riesige romanische Basilika, zum Beispiel, kommt vollständig ohne Verzierungen und Schmuckwerk aus. Allein die Kontraste aus dem Spiel von Licht und Schatten tauchen den Innenraum in eine mystische Atmosphäre. Dazu kommt ihre unglaubliche Akustik. Alljährlich findet hier das Eröffnungskonzert des Rheingau Musik Festivals statt (▶ Seite 118). Von hier aus erreicht man durch eine Seitentür den Kreuzgang des Klosters, ebenfalls ein Ort, der durch seine Aufgeräumtheit Ruhe und Harmonie ausstrahlt. Früher war dieser Innenhof ganz von der Außenwelt abgeschnitten und symbolisierte den Mönchen das Paradies. Der vielleicht berühmteste Raum von Eberbach ist ein

83 Meter langes Kreuzgewölbe, der Schlafsaal der Mönche, bekannt aus dem Spielfilm „Der Name der Rose". Teile des Films mit Sean Connery wurden hier gedreht. Die Mönche schliefen auf Stroh – besonders im Winter eine eisige Angelegenheit. Und auch die steinernen Bänke in der düsteren, zugigen Halle des Speisesaales sind zwar schön anzusehen, lassen aber erahnen, dass der Begriff „Komfort" in Eberbach ein Fremdwort gewesen sein muss.

Weinkabinett.

INFORMATIONEN

AUSKUNFT

Stiftung Kloster Eberbach
65346 Eltville im Rheingau
☎ *06723/9178100*
@ *www.kloster-eberbach.de*
@ *stiftung@kloster-eberbach.de*
ℹ *ganzjährig geöffnet. Termine für Führungen bitte erfragen.*

ANFAHRT

▶ *Aus Wiesbaden: A 66 Richtung Rüdesheim;*
▶ *Aus Mainz: über Schiersteiner Brücke bis Abfahrt A 66 Richtung Rüdesheim, weiter auf die B 42;*
▶ *Ab Ausfahrt „Kiedrich" ist das Kloster ausgeschildert;*
▶ *Parkmöglichkeiten ausreichend vorhanden.*
▶ *Für Navigationsgeräte: Bingerpfortenstraße, 65399 Kiedrich.*

Heute geht es zum Glück genüsslicher zu: Das Hessische Staatsweingut Kloster Eberbach ist während des ganzen Jahres Schauplatz unterschiedlichster Veranstaltungen: Konzerte, Weinproben und -versteigerungen, eine Weinverkaufsmesse, das kulinarische Genussfestival „Glorreiche Tage" sowie der Erntedank der Rheingauer Winzer. Beten und Arbeiten also – aber auch genießen und feiern.

Zeitreise

Freie Sicht auf Rheinhessen

So sieht Rheinhessen von oben aus! Weit schweift der Blick von hier über das Hügelland und ausgedehnte Felder – nach Norden bis in den Taunus, nach Süden bis zum Donnersberg. Der Wartbergturm liegt etwa zwei Kilometer außerhalb von Alzey auf einem Hügel. Gebaut Anfang des 15. Jahrhunderts, diente er lange Zeit als militärischer Beobachtungsposten. Im Januar 1945 verhinderte das Wahrzeichen der Stadt der Legende nach eine Katastrophe. Piloten amerikanischer Bomber hielten die aus dem Nebel ragende Turmspitze für eine Kirche, warfen ihre Bomben ab und verfehlten Alzey größtenteils. 1962 bauten die Alzeyer den Turm aus Dankbarkeit wieder auf.

INFORMATIONEN

AUSKUNFT

Tourist-Information Alzeyer Land
Antoniterstraße 41, 55232 Alzey
☎ 06731/499364
@ www.alzeyer-land.de
@ touristinfo@alzey.de

ANFAHRT

▶ Aus Mainz/Wiesbaden: A 63
Richtung Kaiserslautern;
▶ Aus Bingen: A 61 Richtung
Ludwigshafen, am Kreuz Alzey
▶ Weiter A 63 Richtung Kaiserslautern,
jeweils bis Abfahrt Freimersheim;
▶ Weiter Richtung Alzey; der Turm liegt
rechts und ist weithin zu sehen!

Digitale Rekonstruktion der Aula Regia.

Mit dem Bau der Kaiserpfalz durch Karl den Großen im 8. Jahrhundert erlangte Ingelheim europaweite Bedeutung. Hier wurden politische Entscheidungen für das gesamte Reich getroffen. Heute kann man die Überreste der Kaiserpfalz besichtigen. In einem Museum lassen Grabungsfunde und Computeranimationen ein plastisches Bild der Vergangenheit entstehen.

Wo heute ganz normale Wohnhäuser stehen und Kinder auf der Straße spielen, hat sich einmal eines der wichtigsten Machtzentren abendländischer Politik befunden. Zwar ist die Ingelheimer Kaiserpfalz heute nicht mehr als Ganzes zu erkennen, dennoch erhalten Besucher bei einer Führung zu ihren Überresten und in einem modernen Museum ein sehr klares Bild von der einstigen Pracht und Bedeutung. Zentraler Bau der Pfalz war die Aula Regia, die Thronhalle. Mit einer Länge von mehr als 40 Metern und 13 Meter Deckenhöhe galt sie als eines der imposantesten Gebäude nördlich der Alpen. Pfalzen wie die in Ingelheim waren damals kein fester Herrschaftssitz. Hauptstädte im heutigen Sinne gab es nicht, Kaiser und Könige regierten ihr Land sozusagen von unterwegs, indem sie die Pfalzen als vorübergehendes „Hauptquartier" nutzten. Größe und Ausstattung der Ingelheimer Anlage machen deutlich, wie wichtig Karl dem Großen dieser Stützpunkt war. So gab es neben der Aula Regia eine Reihe palastähnlicher Gebäude

Kaiserpfalz: So soll sie ausgesehen haben.

ins Mittelalter

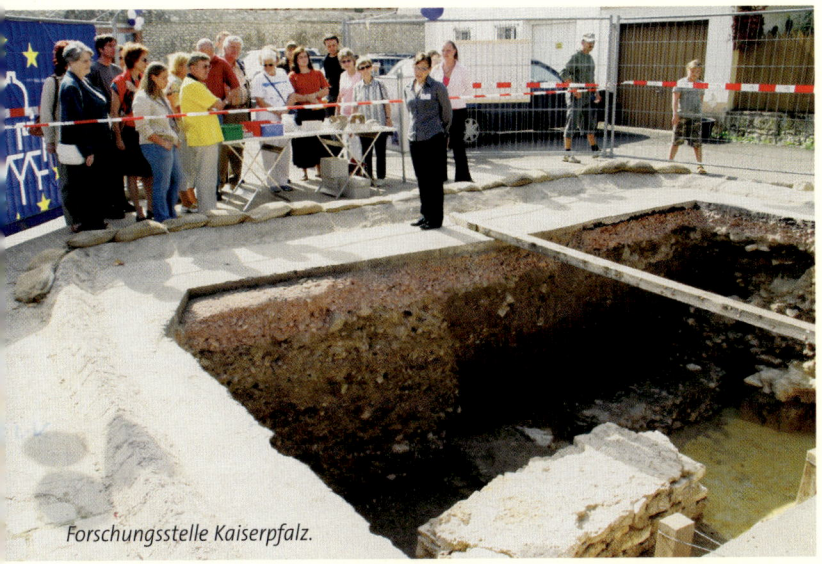

Forschungsstelle Kaiserpfalz.

Die Saalkirche.

INFORMATIONEN

AUSKUNFT

Besucherzentrum und Museum bei
der Kaiserpfalz Ingelheim
Francois-Lachenal-Platz 5
55218 Ingelheim
☎ 06132/783355
@ www.kaiserpfalz-ingelheim.de
@ museum@ingelheim.de
🗓 April.–Okt. Di.–So. 10–17 Uhr
Nov.–März 10–16 Uhr

ANFAHRT

▶ Aus Mainz/Wiesbaden oder Bingen:
A 60 bis Ingelheim/West; von dort
Hinweisschildern folgen;
▶ Die Kaiserpfalz ist ab Autobahn
ausgeschildert (kostenlose Parkplätze
in der Nähe);
▶ Anreise per Bahn: Vom Bahnhof zirka
15 Gehminuten (immer Hauptstraße,
„Binger Straße", bergan folgen).

nach römischen Vorbildern mit Säulen, Marmorverzierungen und Wandbemalungen. Drei Jahrhunderte lang diente die Pfalz als Stätte für Reichstage, Krönungen, königliche Hochzeiten, Gerichtstage und als Ort, an dem man Gesandte fremder Königreiche angemessen empfangen konnte. Neben Karl dem Großen finden sich in alten Urkunden auch die Namen anderer berühmter „Benutzer", beispielsweise Otto I., Heinrich IV. und Friedrich II.

Besucher haben verschiedene Möglichkeiten, sich die Geheimnisse der Ingelheimer Kaiserpfalz zu erschließen. So kann man auf eigene Faust einen Rundgang über das Gelände der ehemaligen Pfalz unternehmen. Dazu wurden an Stellen mit sichtbaren Überresten und zentralen Punkten Informations-Säulen errichtet. Sie klaren über die einstige Gestalt und Bedeutung der einzelnen Bauteile auf. Noch besser aber ist es, an einer Pfalz-Führung teilzunehmen (Termine bitte erfragen). Die Tourführer sind daran gewöhnt, dass man ihnen Löcher in den Bauch fragt. Außerdem helfen ihre bildhaften Beschreibungen der Fantasie auf die Sprünge und lassen die alte Pfalz vor dem inneren Auge wiedererstehen. Noch anschaulicher wird ihre Geschichte im Besucherzentrum. Dort kann man sich am Computer durch eine virtuelle Rekonstruktion der Aula Regia klicken und bekommt so einen beinahe authentischen Eindruck von den Dimensionen, Farben und Materialen, mit denen die prächtigen Gemäuer einst ausgestattet waren.

Außerdem wurde ein Teilstück der Pfalz im Maßstab 1:1 nachgebaut. Dabei handelt es sich um einen Säulengang, der damals zu einigen Pfalzgebäuden gehörte. Auch Schmuck, Waffen und andere Gebrauchsgegenstände sind ausgestellt, vor allem aber der bisher spektakulärste Fund, die einzig bekannte Goldmünze Karls des Großen. Vieles spricht dafür, dass die Münze zur Verbreitung einer Botschaft diente: „Karl der Große ist Kaiser, das weströmische Reich ist neu erstanden!". Der Atem der Weltgeschichte – zu sehen und zu erleben in der Kaiserpfalz zu Ingelheim.

Die Wacht

Hoch über Rüdesheim und dem Rhein thront das Niederwalddenkmal, die Germania. Die Errichtung des Denkmals im Jahre 1883 symbolisierte die Gründung des neuen deutschen Reiches. Damals als eines der größten Kunstwerke gefeiert, zieht es seither unzählige Besucher an – heute aber nicht mehr aus Nationalstolz, sondern wegen des herrlichen Ausblicks.

RÜDESHEIM

Ruine Ehrenfels

Einst war die Ehrenfels eine wichtige Geldquelle für die Mainzer Bischöfe. Mit der gegenüberliegenden Burg Klopp in Bingen und dem Mäuseturm im Rhein bildete sie einen Riegel vor dem Eingang zum Mittelrheintal. Dadurch waren die vollkommene Überwachung des Schiffsverkehrs und Zolleinnahmen in enormer Höhe möglich. Gebaut wurde die Burg Anfang des 13. Jahrhunderts. Ihre Lage am steilen Hang, eine 20 Meter hohe Schildmauer zur Bergseite hin und zwei runde Wehrtürme machten sie fast uneinnehmbar. Darum brachte man dort in Kriegszeiten den Mainzer Domschatz in Sicherheit. Besucher können die Ruine betreten und über eine Treppe die Ecktürme besteigen. Die Aussicht auf das „Binger Loch" ist großartig.

INFORMATIONEN

AUSKUNFT
Rüdesheimer Tourist Center
Rheinstr. 29 a
65385 Rüdesheim am Rhein
☏ 06722/90615-0
@ www.ruedesheim.de

ANFAHRT
▸ *Keine Anfahrt mit Fahrzeugen erlaubt.*
▸ *In Rüdesheim an der Brömserburg parken.*
  ▸ *Etwa 2,5 Kilometer Fußweg von der Oberstraße durch die Weinberge.*
  ▸ *Oder zirka 1,5 Kilometer Fußweg vom Parkplatz am Niederwald-Denkmal durch die Weinberge.*

An klaren Tagen reicht der Blick von hier oben etliche Kilometer weit ins Land hinein. Nach Süden über den Rhein und die Nahemündung bei Bingen sowie das rheinhessische Hügelland bis hin zum Donnersberg in der Pfalz, nach Westen über die Höhen des Hunsrücks und nach Osten rheinauf über Rüdesheim und den Rheingau bis in den Vordertaunus. Sitzen, schauen und die Seele baumeln lassen, hierfür ist dies der richtige Ort.

Die über 12 Meter hohe und 32 Tonnen schwere Statue der Germania steht auf einem mächtigen Sockel aus breiten Treppen und Plattformen, der seinerseits 25 Meter Höhe misst. In ihren Händen trägt sie die Insignien des deutschen Kaiserreiches. Mit der rechten, emporgestreckten Hand hält sie die Krone und mit der linken stützt sie sich auf das sieben Meter lange Schwert. Ein Eichenkranz ziert als Ruhmessymbol ihr Haupt. Auf dem Sockel erinnern Daten und Wappen an die Zeit der Reichsgründung. Auf dem größten Relief ist Kaiser Wilhelm I. hoch zu Ross inmitten seiner Landesfürsten, Heeresführern und Soldaten dargestellt. Bei der Grundsteinlegung für das Niederwalddenkmal sowie bei seiner Einweihung sechs Jahre später war der Kaiser persönlich anwesend, was die Bedeutung des Denkmals für die Menschen damals belegt. Immerhin stand doch das National-Monument für die Idee eines vereinigten deutschen Reiches, das alle Volksstämme unter der Führung eines Kaisers vereinen sollte. Zur Erinnerung: Das Deutsche Reich war zuvor, im Jahre 1806, aufgelöst worden und zerfiel in der Folge in eine Vielzahl kleiner Fürstentümer.

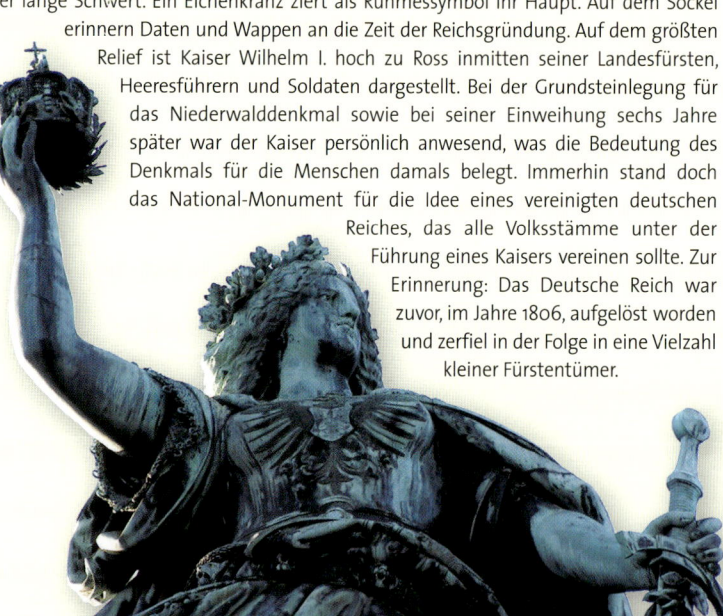

Germania wacht.

am Rhein

Traumblick über den Rheingau.

AUSKUNFT

Rüdesheimer Tourist Center
Rheinstr. 29 a
65385 Rüdesheim am Rhein
📞 06722/90615-0
🌐 www.ruedesheim.de
✉ touristinfo@ruedesheim.de

ANFAHRT
▶ Aus Alzey A 63 bis Kreuz Mainz-Süd;
▶ Weiter A 60 Richtung Koblenz;
▶ Aus Bingen/Mainz A 60 bis Abfahrt
Wiesbaden (Schiersteiner Brücke);
▶ Weiter Abfahrt A 66 Richtung
Rüdesheim; in Rüdesheim
der Beschilderung
„Niederwalddenkmal" folgen.
▶ Alternativ: Kabinenseilbahn in der
Ortsmitte zum Niederwalddenkmal.

Als sich die deutschen Kleinstaaten im Jahr 1870 aber in einem Bündnis zusammenschlossen, erklärte Frankreich den Deutschen den Krieg. Die aber siegten, krönten Wilhelm I. zum Kaiser und vollzogen damit die Gründung des neuen deutschen Reiches.

Neben den Bezeichnungen Niederwalddenkmal und Germania wird das riesige Standbild oft auch die „Wacht am Rhein" genannt. Dabei handelte es sich ursprünglich um ein Lied, das seit 1840 den Rang einer National- oder Volkshymne hatte. Es richtete sich gegen die Macht- und Gebietsansprüche der französischen Nachbarn und forderte die Deutschen auf gemeinsam ihre Grenze zu sichern. Die fünf Strophen des Liedes sind am Sockel des Denkmals verewigt: „Es braust ein Ruf wie Donnerhall, wie Schwertgeklirr und Wogenprall; Zum Rhein, zum Rhein, zum deutschen Rhein! Wer will des Stromes Hüter sein? ... Fest steht und treu die Wacht, die Wacht am Rhein!"

Diese kriegerischen Zeiten sind zum Glück vorbei. Ganz friedfertig spazieren die Besucher heute von Rüdesheim aus durch die Weinberge zur Germania oder fahren bequem mit einer Seilbahn nach oben. Selbstverständlich kann man das Niederwalddenkmal auch mit dem Auto erreichen. Besonders beliebt ist die Aussicht auf das Spektakel „Rhein im Feuerzauber" (1. Samstag im Juli), wenn von Ausflugsdampfern und beiden Seiten des Rheines aus Bingen und Rüdesheim Hunderte Feuerwerks-Raketen abgefeuert werden und sich farbenfroh im Wasser des Rheines widerspiegeln.

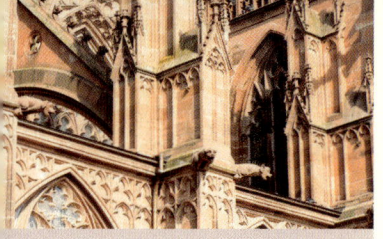

Durchlöchert wie

Sehenswert ist nicht nur, was Oppenheim oberirdisch zu bieten hat. Unterirdisch wird die Altstadt von einem Labyrinth aus Kelleranlagen und Gängen durchzogen, teilweise geht es mehrere Stockwerke in die Tiefe. Die Anlage ist jahrhundertealt und diente als Lagerraum. Einen Teil davon können Besucher bei einer Führung entdecken.

Erst einmal muss jeder Besucher einen Helm aufziehen, darauf legt Gästebegleiter Klaus Weber großen Wert. Niemand soll sich den Kopf anstoßen, schließlich sind Gänge und Keller an manchen Stellen nicht sehr hoch. So ausgerüstet, geht es dann über eine Treppe hinab in die Unterwelt. Der Einstieg, durch ein eisernes Tor verschlossen, liegt am Fuße der Katharinenkirche (▶ links). Es dauert einen Moment, bis sich

die Augen an das Halbdunkel hier unten gewöhnt haben. „Nachdem Oppenheim 1226 zur freien Reichsstadt geworden war, nahm der Handel rege zu, Oppenheim lag an verschiedenen Handelsstraßen, dazu kam die Nähe zum Rhein", erklärt Weber. Bald muss es Platzprobleme gegeben haben, man brauchte Lagerkapazitäten. Dabei kamen den Oppenheimern zwei Dinge zugute: Die Stadt liegt am Hang und noch viel wichtiger, sie steht auf einer an manchen Stellen meterdicken Lößlehmschicht. „In diesem Boden ließ sich mit einfachen Mitteln ein stabiles Kellergewölbe graben, das als großer Kühlschrank diente", führt der Gästebegleiter den Besuchern Probleme und ihre Lösung im Mittelalter vor Augen.

Was den Menschen damals zugute kam, wurde für die Oppenheimer vor einigen Jahren dann aber zum Problem. Das Kellerlabyrinth war fast in Vergessenheit geraten, seine Substanz war lange Zeit vernachlässigt worden. Hinzu kamen die Verlegung der Kanalisation und der Straßenverkehr, der dem Boden zusetzte. Das empfindliche Gleichgewicht aus Löß und Lehm im Boden geriet an manchen Stellen aus dem Gleichgewicht, sei es durch Austrocknung oder Auswaschung. „Autos sind in der Straße versackt, bei manchen Altstadtbewohner ist der ganze Garten in einem Loch verschwunden", sagt Weber und deutet auf Fotos, die das belegen. „Die hatten einfach zu viel gegossen."

Dass die Kelleranlage unter einem Garten und nicht unter einem Haus lag, ist kulturhistorisch interessant und hat seinen Grund in der mehrmaligen Zerstörung Oppenheims. Nach dem pfälzischen Erbfolgekrieg wurde die Stadt 1689 völlig neu aufgebaut. Nur die Keller blieben unverändert und lassen somit Rückschlüsse auf den Grundriss der zerstörten mittelalterlichen Stadt zu. Sie gelten heute als Kulturdenkmal, als Stadt unter der Stadt.

1995 begannen die Oppenheimer mit der teuren, aufwendigen Sanierung ihrer Unterwelt und öffneten einen Teil des Labyrinths für die Öffentlichkeit. So können Gästebegleiter wie Klaus Weber heute Besucher durch enge Gänge und sich öffnende Keller lotsen. „Die Anlage ist ohne Plan erbaut worden, erklärt er, man muss sich vorstellen, dass jeder Hausbesitzer unter seinem Haus gegraben hat und dabei auch mal unter das Haus des Nachbarn gera-

---

OPPENHEIM

Gotik am Rhein

Mächtig thront die evangelische Katharinenkirche über Oppenheim. Für viele ist sie neben dem Straßburger Münster und dem Kölner Dom das bedeutendste gotische Bauwerk am Rhein. Berühmt sind ihre Fenster: Das 1937 neu verglaste Lilienfenster und die noch original verglaste „Oppenheimer Rose" mit Scheiben aus dem 14. Jahrhundert. Sehenswert ist auch die Michaeliskapelle auf der Nordseite, eine Friedhofskapelle, in deren Untergeschoss bis heute Knochen aus dem alten Friedhof gestapelt sind. Das Beinhaus ist eine Seltenheit, da die meisten Einrichtungen dieser Art im 19. Jahrhundert geräumt wurden. Unbedingt anschauen: Die reich verzierten Grabmäler in der Kirche.

INFORMATIONEN

AUSKUNFT

Tourist & Festspielbüro der Stadt Oppenheim
Merianstraße 4
55276 Oppenheim
☎ *06133/4909-14 oder 19*
@ *www.stadt-oppenheim.de*
@ *info@stadt-oppenheim.de*
ℹ️ *Besichtigung ganzjährig mit Terminvereinbarung.*

ANFAHRT

▶ *Aus Mainz: B 9 Richtung Nierstein/ Oppenheim*
▶ *Aus Bingen: A 60 Richtung Mainz/Rüsselsheim bis Abfahrt MZ-Laubenheim, weiter Richtung B 9 Richtung Nierstein/Oppenheim;*
▶ *Aus Alzey: A 63 bis Abfahrt Wörrstadt, weiter B 420 Richtung Nierstein/ Oppenheim;*
▶ *Die Kirche ist weithin sichtbar.*

ein Schweizer Käse

ten ist. Manchmal sind Nachbarn beim Graben auch aufeinandergestoßen", erklärt er und zeigt auf eine Stelle, die durch Holzbohlen überbrückt wurde. Erst später sind wohl die Verbindungsgänge dazugekommen, um in Krisenzeiten Schutz suchen zu können.

Nach einer Stunde ist die Führung auf 650 Metern der Anlage zu Ende. „Erst vier Prozent des gesamten Labyrinths sind zugänglich", gibt der Gästebegleiter den staunenden Besuchern dann noch mit auf den Weg nach oben. Wieder „aufgetaucht", sieht man Oppenheim dann mit ganz anderen Augen.

INFORMATIONEN

AUSKUNFT

Tourist & Festspielbüro der Stadt Oppenheim
Merianstraße 4
55276 Oppenheim
☎ 06133/4909-14 oder 19
@ www.stadt-oppenheim.de
@ info@stadt-oppenheim.de
① Besichtigung ganzjährig mit Terminvereinbarung.

ANFAHRT

▶ Aus Mainz: B 9 Richtung Nierstein/Oppenheim;
▶ Aus Bingen: A 60 Richtung Mainz/Rüsselsheim bis Abfahrt MZ-Laubenheim, weiter Richtung B 9 Richtung Nierstein/Oppenheim;
▶ Aus Alzey A 63 bis Abfahrt Wörrstadt, weiter B 420 Richtung Nierstein/Oppenheim;
▶ Die Führungen beginnen direkt unterhalb der Katharinenkirche, oberhalb des Marktplatzes.

Erst Auf-, dann abwärts führt der Weg ins Unterirdische.

Märchenschloss

Ältestes Steinhaus in Deutschland

Erhaben sieht es aus, das Graue Haus, seine alten Mauern sind von Efeu und wildem Wein umrankt und es verbreitet die Aura einer anderen Zeit. Tatsächlich gilt das Graue Haus als ältestes steinernes Wohnhaus in Deutschland. Uralte Eichenbalken im Dach lassen den Schluss zu, dass es um 1078, vielleicht auch schon früher, entstanden ist. Bis 1330 jedenfalls war es das Stammhaus der Familie Greiffenclau (▶ rechts). Es diente ihnen bis 1330 als Wohnsitz, bis sie nach Schloss Vollrads übersiedelten, später wurde es von ihnen als Wohnhaus für Beschäftigte des Schlosses genutzt. Nach einem Brand 1964 wurde das Graue Haus wieder aufgebaut. Heute beherbergt es ein Restaurant.

INFORMATIONEN

AUSKUNFT

Rheingau-Taunus
Kultur & Tourismus GmbH
An der Basilika 11 A
65375 Oestrich-Winkel
☏ 06723/99550
@ www.kulturland-rheingau.de

ANFAHRT

▶ Aus Bingen/Mainz über die Schiersteiner Brücke bis Abfahrt Rüdesheim;
▶ Weiter A 66 Richtung Rüdesheim;
▶ Weiter über B 42 bis Ortseinfahrt Winkel; rechts abbiegen, weiter links in die Rheinstraße, weiter bis zur Graugasse.

Das anmutige Schloss, seine uralte Geschichte und die malerische Lage in den Weinbergen lassen die gesamte Anlage wie ein Märchenschloss erscheinen. Vielen Besuchern gilt Vollrads daher auch als das schönste Schloss im Rheingau.

Wenn man sich von Oestrich-Winkel, von Süden her, über eine lange Zufahrt dem Schloss nähert, sieht man es ganz langsam hinter den Weinbergen auftauchen, Stück für Stück, als wolle es dem Besucher seinen vollständigen Anblick erst allmählich enthüllen. Keine optische Täuschung, sondern Resultat seiner Lage, denn das Schloss liegt geschützt in einer kleinen Talsenke und weist daher ein sehr angenehmes Mikroklima auf. Schon aus einiger Entfernung erkennt man den prominentesten Teil der Anlage, einen wuchtigen Wohnturm, der mitten in einem quadratischen Weiher steht und nur über eine Brücke zu erreichen ist. Er wurde im Jahre 1330 von dem Reichsfreiherren von Greiffenclau erbaut und auch bewohnt. Nicht gerade begeistert von der Architektur des Gebäudes war anscheinend Johann Wolfgang von Goethe, der den Turm bei einem Besuch im Jahre 1814 als „wunderlich" beschrieb. Nicht so schlimm, denn Goethe konnte seinerzeit mit dem eigentlichen Herrenhaus vorliebnehmen, das bereits 1684 errichtet worden war. Im 18. Jahrhundert folgten dann weitere Wirtschaftsgebäude, für die Johann Erwein von Greiffenclau verantwortlich war. Er war es auch, der dem Wasserturm das barocke Dach und dem 1650 erbauten Kavaliershaus – heute Restaurant – seine jetzige Gestalt gab. Auch die schönen Begrenzungsmauern des Schlossgartens stammen von ihm. Den letzten Umbau des Schlosses nahm Gräfin Clara Matuschka-Greiffenclau 1907/1908 vor. Sie ließ den Südtrakt des Herrenhauses um ein Stockwerk erhöhen, an der dem Rhein zugewandten Seite zwei Türme anbauen und die Terrassen erweitern. Über viele Jahrhunderte war Schloss Vollrads Stammsitz derer von Greiffenclau. Mitglieder der Familie waren Erzbischöfe und Kurfürsten von Mainz und Trier sowie Fürstbischöfe von Würzburg. Woher der Name Vollrads allerdings stammt, ist ungewiss, aber vermutlich handelt es sich um die Ableitung aus einem Personennamen, denn 1218 wird ein „Vollradus in Winkela", 1268 ein „Conradus dictus Vollradus armiger" erwähnt.

Schloss Vollrads ist heute als Weingut weithin bekannt und wurde bereits im frühen Mittelalter als eigene Lage im Weinbaugebiet Rheingau dokumentiert. Hauptaugenmerk liegt, wie meist im Rheingau, auf der Rieslingrebe, die hier in begünstigter Südlage wächst und deren Weinstöcke halbkreisförmig um das Schloss herum angelegt sind. Darüber hinaus stehen auf Schloss Vollrads im Verlauf des Jahres verschiedene kulturelle und gastronomische Veranstaltungen im Kalender: Konzerte, Weinseminare, das Schlossfest oder Gourmet-Abende. Gäste, die einmal selber die Arbeit in einem Weinberg kennenlernen möchten, sind zur Weinlese herzlich eingeladen. Empfehlenswert ist auch ein Besuch des Gutsrestaurants. Der Koch beschreibt seine Küche als „bodenständig auf hohem Niveau". Auf der Schlossterrasse und in der „Orangerie" des Hauses hat man auf mehreren Ebenen einen wunderschönen Blick auf den Schlossgarten und die Landschaft des Rheingaus.

am **Rhein**

Malerisch: Schloss Vollrads.

INFORMATIONEN

AUSKUNFT

Schloss Vollrads
65375 Oestrich-Winkel
☎ 06723/660
@ www.schlossvollrads.com
@ info@schlossvollrads.com

ANFAHRT

▶ Aus Bingen/Mainz: Über die
Schiersteiner Brücke bis Abfahrt
Rüdesheim;
▶ Weiter A 66 Richtung Rüdesheim;
▶ Weiter über B 42 bis Abfahrt Winkel;
der Beschilderung Schloss folgen.

Im Namen der Kühe

BESUCHT MAN WEINGÜTER IN RHEINHESSEN, WIRD MAN IMMER WIEDER VON EINER BESONDEREN ARCHITEKTUR ÜBERRASCHT — VON KLEINEN, FEINEN KREUZGEWÖLBEN. UNWEIGERLICH FRAGT MAN SICH, WAS RÄUME, DIE MIT IHREN GOTISCHEN DECKEN AUSSEHEN WIE KLEINE KIRCHEN, AUF EINEM WEINGUT ODER BAUERNHOF ZU SUCHEN HABEN. DIE ANTWORT IST SIMPEL: WEGEN DER KÜHE. DAHER DER NAME „KUHKAPELLE". TATSÄCHLICH STAND DAS VIEH IN RHEINHESSEN LANGE ZEIT IN STÄLLEN MIT KREUZGEWÖLBEN. ZU VIEL EHRE FÜR DIE KUH, KÖNNTE MAN MEINEN. ABER IN WIRKLICHKEIT GING ES DARUM, VERHEERENDE FEUERSBRÜNSTE ZU VERHINDERN, DENEN IM 19. JAHRHUNDERT VIELE BETRIEBE ZUM OPFER FIELEN. AUF DER SUCHE NACH EINER LÖSUNG FÜR DAS PROBLEM HATTE MAN BEOBACHTET, DASS STEINERNE KIRCHEN NACH EINEM BRAND FAST UNVERSEHRT GEBLIEBEN WAREN. SO KAM MAN AUF DIE IDEE, EINFACH DIE SAKRALE UND FEUERFESTE ARCHITEKTUR AUF DEN PROFANEN KUHSTALL ZU ÜBERTRAGEN. ABER NATÜRLICH ZEIGTE SICH IN DEN SCHÖNEN GEMÄUERN AUCH DER STOLZ DER BESITZER.

DIE IDEE, SOLCHE STÄLLE ZU BAUEN, HATTE EIN PFÄLZER, DER MAURERMEISTER FRANZ OSTERMAYER AUS EISENBERG, DER SICH KLOSTERREFEKTORIEN ZUM VORBILD NAHM. BALD GINGEN MAURERMEISTER AUS DER REGION BEI DEM PFÄLZER „IN DIE LEHRE". DAS FÜHRTE ZUM BAU VON ÜBER 200 KUHKAPELLEN QUER DURCH RHEINHESSEN, DIE MEISTEN ENTSTANDEN ZWISCHEN 1850 UND 1880. ALS DIE BETRIEBE 100 JAHRE SPÄTER VON DER MILCHVIEHWIRTSCHAFT SCHRITTWEISE AUF WEINBAU UMSATTELTEN, FIELEN VIELE KUHKAPELLEN IN EINEN DORNRÖSCHENSCHLAF. SO LANGSAM ENTDECKEN DIE WINZER INZWISCHEN DEN REIZ IHRER ALTEN GEMÄUER WIEDER. HEUTE EXISTIEREN ÜBER 20 RESTAURIERTE KREUZGEWÖLBE, DARUNTER KLEINE GEMÜTLICHE RÄUME, IN DENEN FRÜHER NUR 10 KÜHE STANDEN, ABER AUCH GROSSE SÄLE. ENTSPRECHEND UNTERSCHIEDLICH IST DIE NUTZUNG.

VIELE KUHKAPELLEN DIENEN HEUTE ALS WEINPROBIERSTUBEN, RESTAURANTS ODER STRAUSSWIRTSCHAFTEN, SIE WERDEN ABER AUCH FÜR KULTURVERANSTALTUNGEN, WIE KUNSTAUSSTELLUNGEN UND „KLASSIK IM GEWÖLBE", GENUTZT (▶ SEITE 116). EINMAL IM JAHR GIBT ES EINEN TAG DER OFFENEN WEINGEWÖLBE. KUHKAPELLEN MUSS MAN GEZIELT SUCHEN. DOCH IMMER MEHR WINZER RESTAURIEREN IHRE KREUZGEWÖLBE, NICHT ZULETZT, WEIL SICH EINE „INTERESSENGEMEINSCHAFT RHEINHESSISCHE WEINGEWÖLBE" GEGRÜNDET HAT, DIE SICH FÜR DEN ERHALT DIESER FÜR DIE REGION TYPISCHEN BAUWERKE EINSETZT.

AUSKUNFT: RHEINHESSEN-TOURISTIK GMBH, FRIEDRICH-EBERT-STR. 17, 55218 INGELHEIM AM RHEIN ☎ 06132/44170 📠 06132/441744 @ WWW.RHEINHESSEN.DE

Kuhkapelle Siefersheim.

Kunst & Kultur

Es ist Licht geworden

Unterwegs mit Gästebegleitern

Im Rheingau heißen sie Gästebegleiter, in Rheinhessen Wein- und Kulturbotschafter! Sie helfen Besuchern, die Geheimnisse der Region zu entdecken, und kennen Geschichte und Kultur ihrer Landstriche bis ins Detail. Viele Gästebegleiter haben sich spezialisiert und bieten Führungen in Mundart, literarische Spaziergänge, Stadtrundgänge, Schiffstouren, Kutschfahrten oder Wanderungen mit Weinverkostung an. Vom Frühlingserwachen im Weinberg über Touren auf den Spuren der Römer bis zur Winterwanderung während der Eisweinzeit reichen die Themen. Darüber hinaus können Gästebegleiter auch von Gruppen, Vereinen oder Einzelreisenden zu individuellen Themen gebucht werden.

AUSKUNFT

▶ *Gästebegleiter Rheingau-Taunus e. V.*
Gabriele Schlimmermann
Am Fichtenkopf 16, 65385 Rüdesheim
☎ *06722/7107288*
@ *www.gaestebegleiter.de*
▶ *Kultur- und Weinbotschafter*
Rheinhessen e.V.
DLR Rheinhessen-Nahe-Hunsrück
Wormser Str. 162, 55276 Oppenheim
☎ *06133/930301*
@ *www.kultur-und-weinbotschafter-*
rheinhessen.de

ANFAHRT

▶ *Je nach Veranstaltung. Bitte aus dem*
Internet ersehen.

Alt vor neu: Überreste des ersten Synagoge sind erhalten geblieben.

Im Dritten Reich wurden fast alle jüdischen Gebäude in Mainz zerstört – darunter auch die drei Innenstadtsynagogen. Seit 2010 hat die Landeshauptstadt eine neue Synagoge, die wegen ihrer kühnen Architektur weltweit als einer der spektakulärsten Synagogen-Neubauten gilt.

Das jüdische Mainz galt im Mittelalter als theologische Hochburg in Europa. Berühmte Gelehrte hielten hier wichtige Gesetze fest. Im Dritten Reich wurde das jüdische Leben von den Nazis ausgelöscht. Die Hälfte der 2800 Mainzer Juden wurde ermordet, die andere vertrieben. Nach dem Zweiten Weltkrieg bis zum Fall der Mauer kehrten zwischen 70 und 200 Mitglieder zurück. Als sich dann jedoch Juden aus Osteuropa in Mainz ansiedelten, kletterte die Zahl auf über 1000. Der kleine Gemeindesaal platzte aus allen Nähten und der Wunsch nach einer neuen Synagoge wurde immer drängender.

G2

KUNST & KULTUR

nach langer Nacht

1999 gewann der damals erst 29jährige Architekt Manuel Herz mit einem kühnen Entwurf den Wettbewerb zum Neubau, genau an dem Platz, an dem die alte Hauptsynagoge gestanden hatte. Herz hatte die Idee, seine Architektur an hebräischen Buchstaben anzulehnen. Das hebräische Wort Kedushah gibt dem Gebäude seine Form. Es bedeutet soviel wie „heiligen", „erhöhen" und bezeichnet einen Gebetsteil im jüdischen Gottesdienst, ähnlich dem Sanctus der Christen. Die turmartige Dachkonstruktion ist einem Schofar, einem Widderhorn, nachempfunden, das zu wichtigen Ereignissen im jüdischen Jahr geblasen wird. Selbstverständlich kam das Schofar auch bei der Einweihung der neuen Synagoge zum Einsatz, am 3. September 2010. Überlebende des Holocaust, Bundespräsident, Bundeskanzlerin, der israelische Botschafter, der rheinland-pfälzische Ministerpräsident, Vertreter anderer Kirchen und viele weitere Gäste aus dem In- und Ausland waren gekommen.

Eingeweiht wurde ein spektakulärer Neubau, der die Handwerker vor manche Herausforderung gestellt hatte. So ist das Gebäude mit 17.000 Kacheln verkleidet, von denen jede einzelne von Hand angebracht werden musste. Je nach Lichteinfall sorgen sie dafür, dass die Synagoge in den Farben schwarz bis lichtgrün schimmert. Im Inneren wurden die Wände von oben bis unten mit goldenen hebräischen Buchstaben überzogen, eine Fleißarbeit für heimische Stuckateure. Kein Fenster gleicht dem andere und keines hat einen rechten Winkel. Die Treppe in den ersten Stock neigt sich zur Seite. Architekt Manuel Herz wollte mit solchen bautechnischen Maßnahmen auf den Bruch nach dem Dritten Reich verweisen. Er hat so bewusst neue Maßstäbe gesetzt und ein beeindruckendes Gotteshaus geschaffen, über das die Menschen miteinander ins Gespräch kommen.

INFORMATIONEN

AUSKUNFT

Jüdische Gemeinde Mainz
Synagogenplatz
(Ecke Hindenburgstraße/Josefsstraße)
55118 Mainz
☎ 06131/2108800
@ www.jgmainz.de
@ info@jgmainz.de

ANFAHRT

▶ Aus allen Richtungen Abfahrt Mainz Zentrum;
▶ Vom Hauptbahnhof Kaiserstraße Richtung Rhein bis Hindenburgstraße (vor Christuskirche links abbiegen; von der Rheinallee (Landtag / Kurfürstliches Schloß am Rhein) Kaiserstraße bis Hindenburgstraße: in der Hindenburgstraße bis Ecke Josefstraße; Zugang über den Vorplatz in der Josefstraße;
▶ Parkplätze im Wohngebiet an der Synagoge

Bei der Eröffnung wurde die Hoffnung geäußert, dass der Bau in Stadt und Land hinaus ausstrahlt. Das scheint geglückt zu sein. Das Interesse ist riesig. Zum ersten Tag der offenen Tür hatte die jüdische Gemeine mit 800 Interessierten gerechnet. 12.000 Menschen standen schließlich vor der Tür. Die Führungen durch die Synagoge sind begehrt. Nicht-Juden sind zu Gottesdiensten, Konzerten und Vorträgen eingeladen.

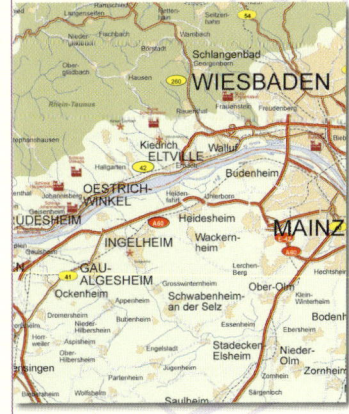

Ein Sommer

WALLUF

Konzert im Hof

„Bringen Sie Ihren Picknickkorb mit", heißt es auf der Eintrittskarte des Wallufer Hofkonzerts. Dieser Satz lässt schon erahnen, hier geht es zwanglos zu. Einmalig ist, was Wallufer Bürger in Eigeninitiative auf die Beine stellen: Sie öffnen einmal im Jahr den Hof ihres historischen Anwesens, das sie gemeinsam bewohnen, und laden hochkarätige Musiker ein. Immer gelingt eine musikalische Überraschung im Stadioner Hof. So spielten bereits die Akkordeonkünstler der Gruppe „Arte die Musica" und die Formation „Jazz Track", die Jazz-Classics auf die Bühne brachte. Was an Kulinarischem auf die Tische kommt, bestimmen die Gäste selbst. Ausgeschenkt werden nur Wein und Sekt natürlich aus Walluf. Kleiner Tipp: Man sollte sich früh genug um Karten kümmern, die Konzerte sind heiß begehrt.

INFORMATIONEN

AUSKUNFT
▶ Wallufer Hofkonzert
Stadioner Hof/Alter Adelshof,
Kirchgasse 10, 65396 Walluf
▶ Gemeinde Walluf, Mühlstraße 40
📞 06123/79221 ● www.walluf.de
ⓘ Konzerttermine am ersten Sonntag
im Juli um 12 Uhr.

ANFAHRT
▶ Aus Frankfurt: A 66 Richtung
Rüdesheim bis Eltville.
▶ Aus Mainz: Schiersteiner Brücke bis
Schiersteiner Kreuz;
▶ Jeweils weiter A 66 Richtung
Rüdesheim bis Walluf;
▶ Weiter zu den Parkplätzen
am Rheinufer in Niederwalluf, von dort
fünf Minuten zu Fuß (hinter der Kirche).

Hochkarätige Musiker, erlesene Spielstätten und überraschende Ideen – das sind die Zutaten für den Erfolg des Rheingau Musik Festivals. Egal für welche der über einhundert Veranstaltungen zwischen Wiesbaden und Lorch der Musikliebhaber sich entscheidet, es erwartet ihn immer ein eindruckvolles Erlebnis.

Klassische Klänge unter freiem Himmel.

Wenn es Sommer wird im Rheingau, haben viele Menschen schon feste Termine in ihren Kalendern stehen, Termine für Veranstaltungen des Rheingau Musik Festivals. Denn häufig ist es besser, sich rechtzeitig um Karten zu kümmern. Was 1987 mit zwei Konzerten im Kloster Eberbach begann, hat sich bis heute zu einem der größten Musikfestivals in Europa gemausert. Was war und ist der Schlüssel zum Erfolg? Die Mischung macht es! Neben hochkarätigen Klassikveranstaltungen werden Unterhaltungsevents geboten, dazu kommen der Landschaftsreiz des Rheingaus, die unterschiedlichsten Spielstätten und die gehobene Gastronomie.

Beim Rheingau Musik Festival geben sich berühmte Orchester, Gesangs- und Instrumentalsolisten, aber auch Nachwuchskünstler aus der ganzen Welt ein Stelldichein. Die Ausnahmegeigerin Anne-Sophie Mutter, Jazztrompeter Till Brönner oder das London Symphony Orchestra (um nur einige zu nennen) standen schon auf den Bühnen des Festivals. Und die sind an den unterschiedlichsten Orten im Rheingau zu finden: in der Abtei St. Hildegard in Eibingen, im Kloster Eberbach, im Kurhaus Wiesbaden, auf den Schlössern Johannisberg, Reinhartshausen, Vollrads, in Weingütern, in Kirchen sowie in Räumen der Spitzengastronomie, wie der Krone in Assmannshausen oder dem Kronenschlösschen in Eltville-Hatten-

voller Musik

heim. Wer einmal einem musikalischen Meisterwerk bei Kerzenschein in der Basilika des Klosters Eberbach gelauscht, wer die Atmosphäre der Seebühne von Schloss Vollrads oder die Kulisse von Schloss Johannisberg mit Blick über den Rheingau genossen und wer die Akustik im Wiesbadener Kurhaus erlebt hat, der wird ganz sicher zum „Wiederholungstäter".

Neben klassischen Konzerten werden musikalische Weinproben oder Gala-Konzerte mit Diner angeboten. Schon Tradition beim Rheingau Musik Festival hat die Veranstaltung „Fahrende Musiker in Weingütern". Vier kleine Ensembles reisen von Weingut zu Weingut und bieten ihre Kunst unter freiem Himmel dar. Die Zuhörer verkürzen sich die Zeiten bis zur Ankunft der verschiedenen Ensembles mit Speis und Trank. Auf dem Programm des Festivals stehen außerdem Lesungen mit Musikbegleitung: Katja Riemann, Roger Willemsen oder Rufus Beck waren schon zu Besuch im Rheingau. Mississippi-Feeling auf dem Rhein verspricht die Veranstaltung „Riverboat Shuffle". Bei Jazzmusik können die Besucher das Mittelrheintal vom Schiff aus genießen. Apropos Jazz! Fans dieser Musikrichtung kommen beim Rheingau Musik Festival ganz sicher auf ihre Kosten, beispielsweise bei Konzerten mit Oleta Adams, Götz Alsmann oder Paul Kuhn. Und Kinderkonzerte wecken schon bei den Jüngsten den Spaß an der Musik.

Übrigens: Das Rheingau Musik Festival wird nur durch geringe öffentliche Mittel subventioniert. Es wird getragen von Besuchern und Sponsoren. Ein Grund mehr, gleich Karten zu ordern.

INFORMATIONEN

AUSKUNFT

Rheingau Musik Festival
Rheinallee 1
65375 Oestrich-Winkel
Tickethotline: ☎ 06723/602170
@ www.rheingau-musik-festival.de
@ info@rheingau-musik-festival.de

ANFAHRT

▶ Variiert je nach Veranstaltungsort. Siehe hierzu die genauen Angaben auf der Internetseite.

Eine Stadt wippt

Drei Tage lang Open-Air-Jazz, mal vor der romantischen Kulisse des Binger Lochs, mal auf der mittelalterlichen Burg Klopp. Jedes Jahr, am letzten Juniwochenende, swingt die ganze Stadt – das Binger Jazzfestival lockt inzwischen Zehntausende aus aller Welt ans Rhein-Nahe-Eck.

Jazzgeiger in Aktion.

Briten, Franzosen, Amerikaner, Ungarn, Schweden und Niederländer – aus aller Herren Länder kommen Musiker und Musikfreunde nach Bingen und bringen ihren Jazz mit. Inzwischen sind es mehr als 30 Interpreten und Bands aus dem In- und Ausland, die hier alljährlich auftreten. Das Charmante daran: Die Konzerte finden nicht nur auf einer einzigen, großen Bühne statt, sondern gleichzeitig an bis zu acht verschiedenen Spielorten, alle draußen und im Umkreis von wenigen hundert Metern zu Fuß erreichbar.

Zwar hatten anfangs, Mitte der neunziger Jahre, einige Zweifler geglaubt, die Idee eines Jazzfestivals in der Provinz sei von vornherein zum Scheitern verurteilt, dort, wo doch sonst nur die rheinische Fröhlichkeit zu Hause ist. Doch davon haben sich die Verantwortlichen der Stadt und die Macher des Festivals nie irritieren lassen. Zum Glück, denn der über die Jahre gewachsene Erfolg, die entspannte Atmosphäre in der Stadt, der Wein und die Menschen haben Bingen mittlerweile zu einem festen Begriff in der Welt des Jazz werden lassen und das Festival zu einem der bedeutendsten seiner Art in Deutschland gemacht. Das hat sich auch bei den Musikern herumgesprochen, sodass selbst die angesagten Stars sich nicht lange bitten lassen und gerne an den Rhein kommen.

Zugegeben ist Jazz nicht immer leicht konsumierbar und bringt manchmal für das ungeschulte Ohr ungewohnte Klänge hervor. Trotzdem ist das Festival keine elitäre Veranstaltung und nicht nur für Eingeweihte oder Kenner ein Genuss. Auch ganz normale Musik-Interessierte lassen sich von der Magie dieser besonderen Klangwelt in den Bann ziehen, werden mitgerissen von ihrer Intensität, ihrem Rhythmus – ihrem Swing eben. Keiner im Publikum, der sich nicht früher oder später dabei ertappt, wie seine Füße im Takt der Musik wippen. Auch hier geht das Konzept der Veranstalter auf: Jazz ist viel populärer und viel weniger fremd, als die meisten glauben! So erkennt auch der Laie in vielen aktuellen Interpretationen bekannte Melodien berühmter Jazzgrößen wieder, wie Louis Armstrong, Count Basie, Ray Charles, Miles Davies und Duke Ellington. Auch das ist ein Ergebnis der Binger Festivalidee, stets darauf zu achten, eine möglichst große Vielfalt an Stilrichtungen auszuwählen, immer wieder neue, noch nie da gewesene Formationen auf die Bühnen zu bringen und dadurch sowohl Fans als auch neugierige Jazzanfänger gleichermaßen anzusprechen. So sind zum Beispiel klassische

Jazz vom Feinsten

Jazzmusik hat viele Gesichter! Das belegt jedes Jahr aufs Neue das Open-Air-Festival „Jazz & Joy" in Worms. Rund um den ehrwürdigen Dom jazzen von Freitag bis Sonntag auf fünf Bühnen rund 40 Bands und Künstler, darunter Namen wie Johnny Rogers, Bill Ramsey oder Uwe Ochsenknecht. Publikumsmagnete sind die Sonderkonzerte der Spitzenklasse: Bob Dylan, Bobby McFerrin, Neigel Kennedy oder Simply Red spielten schon vor der historischen Kulisse. Kein Wunder, dass sich das Wormser Jazzfestival zum Mekka für Fans gemausert hat. Mit einem Kombiticket kommt man preiswert zu guter Musik!

INFORMATIONEN

AUSKUNFT
Tourist Information Worms
Am Neumarkt 14
67547 Worms
☏ 06241/25045
@ www.worms.de

ANFAHRT
▶ Aus Mainz: A 63 bis Kreuz Alzey, weiter A 61 Richtung Ludwigshafen/Worms;
▶ Aus Bingen/Alzey: A 61 Richtung Ludwigshafen/Worms; jeweils bis Abfahrt Worms-Zentrum;
▶ Öffentliche Parkplätze sind ausgeschildert.

mit den Füßen

INFORMATIONEN

AUSKUNFT
Tourist Information Bingen
Rheinkai 21
55411 Bingen am Rhein
☎ 06721/184-205 /-206 /-200
@ www.bingen-swingt.de
🛈 Immer am letzten Juniwochenende.

ANFAHRT
▶ Aus Mainz: A 60 bis Bingen/Ost;
▶ Aus Alzey: A 61 bis Dreieck Nahetal;
weiter A 60 Richtung Mainz bis
Bingen/Ost;
▶ Jeweils weiter Richtung Bingen/
Zentrum;
▶ Für Parkplätze Beschilderung
„Bingen swingt" folgen.

Formationen mit Bass, Trompete und Piano vertreten, Ensembles mit traditionellem New Orleans Jazz, Dixieland oder Blues, Gospel, Sinti Jazz, Soul und Funk, Swing und Bebop, mal dargeboten von kleinen Kapellen, mal von Solisten mit Saxofon, Trompete und Geige oder im satten Sound einer Big Band.

Wer an diesem Wochenende im Frühsommer nach Bingen kommt, erkennt die Stadt nicht wieder, so elegant und selbstverständlich weltgewandt ist die Atmosphäre an jeder Straßenecke. Erwartungsvoll schlendern Besucher von Bühne zu Bühne, treffen sich im verträumten Innenhof der Burg Klopp, sitzen auf Mauern und Treppen, genießen die Musik auf einem der sonnigen Plätze in der Innenstadt oder vor der malerischen Kulisse des Binger Lochs. Bingen swingt – das muss man wörtlich nehmen!

... mit Gefühl.

Singen nach uralter

Die Kiedricher Chorbuben und -mädels.

Sommernacht im Burghof

Die Burghofspiele in Eltville, 1986 in ganz kleinem Rahmen gestartet, haben sich bei Kulturliebhabern mittlerweile einen Namen gemacht. Das romantische Ambiente, zwischen alten Gemäuern und unter Bäumen im Hof der Kurfürstlichen Burg, eignet sich bestens für einen sommerlichen Theaterabend im Freien. Jedes Jahr wird an mehreren Abenden eine Eigenproduktion wie Goethes „Urfaust", Kleists „Der zerbrochene Krug" oder Shakespeares „Die Komödie der Irrungen" auf die Bühne gebracht. Dazu kommen klassische Konzerte, Musicals und literarisch-musikalische Lesungen, auch an anderen Spielstätten wie Kirchen, dem Kloster Eberbach oder dem Wiesbadener Kurhaus.

INFORMATIONEN

AUSKUNFT

Burghofspiele
Wilhelmstraße 1
65343 Eltville
☏ *06123/704122*
@ *www.burghofspiele.de*
@ *info@burghofspiele.de*

ANFAHRT

▶ *Aus Alzey: A 63 bis Kreuz Mainz-Süd;*
weiter A 60 Richtung Koblenz;
▶ *Aus Bingen/Mainz: A 60 bis Abfahrt*
Wiesbaden (Schiersteiner Brücke); weiter
bis Abfahrt A 66 Richtung Rüdesheim;
▶ *Weiter A 66 bis Abfahrt Eltville;*
▶ *Parkplätze an der Kurfürstlichen Burg.*

Kiedrich ist eine kleine Weinbaugemeinde mit rund 3.800 Einwohnern. Umso erstaunlicher ist es, was der Ort im Rheingau zu bieten hat: Eine Kirche, die man mit Fug und Recht als gotisches Kleinod bezeichnen darf, eine der ältesten bespielbaren Orgeln und eine lebendige Chortradition, die es nur hier und sonst nirgends auf der Welt gibt.

Fast jeden Sonntag um 9.30 Uhr kann man in Kiedrich einem Ritual beiwohnen, das es seit 1333 in der Gemeinde gibt. Rund 40 Chormitglieder in schwarz-weißen liturgischen Gewändern ziehen zusammen mit dem Pfarrer in die katholische Valentinuskirche ein. Sie gehören den Kiedricher Chorbuben an, die heutzutage auch von Männern und Mädchen unterstützt werden. Der Chor singt Gregorianik, aber in einer gotischen Variante, dem sogenannten Germanischen Dialekt, der sich nur noch hier erhalten hat. Aufgezeichnet ist er mit gotischen Hufnagelnoten in großen Folianten, die in der Mitte vor dem Chor liegen. Die gregorianischen Choräle in St. Valentinus klingen lebendiger und frischer als das, was man gemeinhin unter Gregorianik versteht. Damit diese über 600 Jahre alte Tradition erhalten bleibt, proben die Kiedricher mehrmals in der Woche mit ihrem Chorregenten Rainer Hilkenbach. Aber auch die Gemeinde stimmt kräftig in den Gesang mit ein, schließlich gibt es ein eigenes Gesangbuch, das Kiedricher Kyriale.

Die wunderbare Musik allein würde schon reichen, sich Gott ein Stückchen näher zu fühlen, aber die Kirche ist dazu ebenso angetan. St. Valentinus thront inmitten eines mittelalterlichen Kirchenbezirks. Die kostbare Innenausstattung mit gotischem Inventar ist komplett erhalten. Dazu zählen ein über und über verziertes, handgeschnitztes Kirchengestühl von 1510, eine der ältesten bespielbaren Orgeln Deutschlands, die um 1500 geschaffen wurde, und Kirchenglocken aus den Jahren 1389 und 1513.

Tradition

AUSKUNFT

▶ *Kiedricher Chorbuben –*
Chorstift Kiedrich
Suttonstraße 1
65399 Kiedrich
☎ *06123/2810*
☎ *06123/794773*
@ *www.kiedricher-chorbuben.de*
▶ *Pfarramt St. Valentin*
Marktstraße 26
65399 Kiedrich
☎ *06123/2421*

ANFAHRT

▶ *Aus Alzey: A 63 bis Kreuz Mainz-Süd;*
weiter A 60 Richtung Koblenz;
▶ *Aus Mainz/Bingen: A 60 bis Abfahrt*
Wiesbaden (Schiersteiner Brücke);
▶ *Weiter bis Abfahrt Rüdesheim;*
▶ *Weiter A 66 Richtung Rüdesheim;*
bis Abfahrt Kiedrich;
▶ *St. Valentinus in der Ortsmitte ist*
nicht zu verfehlen.

Gregorianisches Gesangbuch.

So kann man in Kiedrich die Gotik nicht nur in der Architektur bestaunen, sondern durch die alten Glocken, die Orgel und die gregorianischen Gesänge auch einen lebendigen Eindruck davon gewinnen, wie das Zeitalter der Gotik geklungen hat. Ein einmaliges Erlebnis!

Beinahe wäre diese Tradition verloren gegangen, hätte ein englischer Mäzen diese Katastrophe nicht glücklicherweise verhindert. Im Jahr 1857 besuchte Baron John Sutton erstmals Kiedrich. Dass der Ort es ihm sofort angetan hatte, erwies sich für die Gemeinde als Glücksfall. Zuerst ließ er die fast unbrauchbare Orgel in Brügge restaurieren und machte damit den Anfang zur vollständigen Restaurierung von St. Valentinus mit ihrem wertvollen Inventar. Er investierte auch viel Geld in den liturgischen Chor, der nur noch spärlich besetzt war. Um die hier gesungene Sonderform des Gregorianischen Chorals für die Nachwelt zu erhalten, gründete der reiche Engländer eine Stiftung, die bis heute durch das Bistum Limburg weiter besteht. Jeden Sonntag nach dem Choralhochamt kann man diese spannende Geschichte an Ort und Stelle hören, denn nach dem Gottesdienst wird eine Kirchenführung angeboten.

Danach lohnt es sich, den Ort näher anzuschauen, der zu Recht als „Schatzkästlein der Gotik" bezeichnet wird. Von Kriegen verschont, präsentiert Kiedrich, ein bis heute von Gläubigen besuchter Wallfahrtsort, mittelalterliche Architektur, wie man sie sonst kaum noch findet. Neben der Kirche ist die Ortsmitte mit ihren vielen alten Bürger- und Adelshöfen, mit Fachwerkhäusern und dem Renaissance-Rathaus mehr als einen Besuch wert. Und dass die Gemeinde eine Weinbaugemeinde ist, zeigt sich an den zahlreichen Gutsausschänken, Straußwirtschaften und Restaurants, in die man nach dem Gottesdienst einkehren kann.

Im Bauch der

MAINZ

Magische Fenster

Menschen aus der ganzen Welt pilgern zur Kirche St. Stephan auf dem gleichnamigen Berg über der Mainzer Altstadt. Denn St. Stephan ist die einzige Kirche in Deutschland, für die der Künstler Marc Chagall Fenster geschaffen hat. Sie sollen die Verbundenheit zwischen Christen und Juden zum Ausdruck bringen. Zu verdanken hat St. Stephan die wunderbaren Fenster mit den himmlischen Blautönen und Motiven aus der Bibel dem ehemaligen Pfarrer Klaus Meyer. Seine Freundschaft mit Chagall hat den Künstler dazu bewogen, die Fenster zu schaffen. Neben Führungen und Besichtigungen werden in St. Stephan regelmäßig Meditationen zu den Fenstern und ihren Motiven angeboten.

INFORMATIONEN

AUSKUNFT
Pfarramt St. Stephan
Kleine Weißgasse 12
55116 Mainz
📞 06131/231640
@ www.bistummainz.de
ℹ️ Termine und Führungen können im Pfarramt erfragt werden.

ANFAHRT
▶ Parken im Hertie-Parkhaus in der Weißliliengasse/Zentrum/Altstadt; von dort ist St. Stephan in fünf Minuten zu Fuß zu erreichen.

Im über tausendjährigen Mainzer Dom steht eine der komplexesten Orgelanlagen Europas – doch ihre Geheimnisse kann selbst der aufmerksame Besucher nicht ergründen. Das ändert sich erst bei einer Führung zu den verschiedenen Bestandteilen der Orgel und einem Blick in ihre „Eingeweide".

Es ist still geworden im Innern der Kathedrale, die letzten Besucher sind bereits gegangen. Die Abendsonne fällt durch die Fenster des Westchors und schafft im weiten Raum der Kirche eine magische Atmosphäre. Orgelführungen finden am besten abends statt, dann herrscht hier die ideale Stimmung um sich auf eine solche Erlebnisreise einzulassen. Das findet auch Daniel Beckmann, der Mainzer Domorganist. Er führt Besucher auf eine Reise zu den Geheimnissen des gewaltigen Instruments, das eigentlich aus drei verschiedenen Orgeln besteht, die sich über den West-, den Ostchor und das Querhaus verteilen. Um die Vielfalt der klanglichen Möglichkeiten sowie die Bedeutung der unterschiedlichen Spieltische, Pfeifen und Register zu verstehen, muss man bereit sein, die Orgel wie ein eigenständiges Wesen zu betrachten, mit eigenem Charakter und eigenen Launen.

Die einzelnen Komponenten der Mainzer Domorgel können jede für sich allein bespielt werden. Ein Teil ist im Querhaus, ein zweiteiliges Orgelwerk im Ostchor des Domes untergebracht, in rund 15 Metern Höhe. Direkt darunter bedient Organist Beckmann einen Spieltisch mit Tasten und Pedalen und gibt eine erste Klangprobe: Es ist als würden sich die Töne zunächst im Halbgewölbe der Decke sammeln, um dann auf die andere Seite des Kirchenschiffs zu fliegen - 109 Meter Luftlinie. Dort angekommen dauert es über sechs Sekunden bis der Nachhall wieder an seinem Ausgangsort ankommt. Auch im gegenüberliegenden Westchor befindet sich ein zweiteiliges Orgelwerk. Dort, hinter den prächtigen Holzbänken des Altarraumes, öffnet Beckmann den Besuchern eine verborgene Tür, durch die es über schmale Stufen in einen niedrigen Raum geht – in die normalerweise unzugänglichen „Eingeweide" der Domorgel. Unversehens befindet man sich inmitten eines scheinbar chaotischen Gewirrs von Kabeln, Leitungen, Schläuchen, Pumpen und Ventilen – und wenn Beckmann dann spielt, und damit die gesamte Apparatur direkt über den Köpfen der Besucher in Bewegung setzt, es aus allen Ecken schnauft und keucht und bläst und pfeift, dann ist es tatsächlich so, als sei man in den Bauch eines lebendigen Wesens geraten. Nach diesem tiefen

Mainzer Domorgel

Einblick bittet Beckmann die Gruppe zum abschließenden Höhepunkt der Führung. Über eine enge Wendeltreppe geht es hinauf zur Südempore des Doms. Hier steht der Generalspieltisch, der größte seiner Art in Deutschland. Von hier aus kann die gesamte Orgel mit allen 7986 Pfeifen gespielt und der Dom in eine gewaltige Konzerthalle verwandelt werden. Fast wie im Cockpit eines Flugzeuges sieht das aus: Sechs Manuale, etliche Pedale und 114 Register hat der Organist hier zur Verfügung. Beckmann schaltet alle Orgelteile zusammen und beginnt zu spielen. Die großen, dunklen Pfeifen auf der so genannten Nordwand, die kleinen hellen auf der Südempore, die Pfeifen im West- und die im Ostchor. Die Klänge fließen, schweben, sprudeln durch die Kirche, hinauf zu den Kreuzgewölben und von dort wieder herab auf die Besucher. Dabei spielt der Kirchenmusiker auch mit unterschiedlichen Stimmungen, mal klingt die Orgel froh und heiter, mal traurig, erhaben, andächtig, festlich oder volkstümlich. Es ist auch Aufgabe des Organisten, darauf zu achten, was der Pfarrer predigt. Das Orgelspiel muss darauf reagieren, denn die Musik versteht sich als Teil der Verkündigung.

Organist Daniel Beckmann.

INFORMATIONEN

AUSKUNFT

▶ Bistum Mainz – Dominformation
Am Markt 8–10
55116 Mainz
☏ 06131/253474
@ www.bistummainz.de
ℹ Termine für Orgelführungen bitte erfragen – Gruppenführungen sind möglich.

ANFAHRT

▶ Aus Bingen: A 60 bis Abfahrt Saarstraße/Zentrum;
▶ Aus Rüdesheim/Wiesbaden: Über die Schiersteiner Brücke bis Abfahrt Mainz-Mombach/Zentrum;
▶ Aus Alzey A 63 bis Mainz-Zentrum;
▶ Parkhäuser „Rheingoldhalle" oder „Am Brandt".

Land und Literatur

RHEINHESSEN UND DER RHEINGAU, AM RHEIN GELEGEN UND VOM KLIMA VERWÖHNT, HEIMAT VON WEINBAU UND LEBENSFREUDE, ZIEHEN VON JEHER BERÜHMTE PERSÖNLICHKEITEN AN. EINIGE SIND ABER AUCH HIER GEBOREN UND HABEN DIE WELT VERÄNDERT. ALLEN VORAN DER MAINZER JOHANNES GUTENBERG (CA. 1400 BIS 1468), DER ERFINDER DER BUCHDRUCKKUNST. SEIN DRUCK MIT BEWEGLICHEN LETTERN WAR DER MOTOR FÜR DIE AUFKLÄRUNG UND DIE MÖGLICHKEIT, BILDUNG IN ALLE SCHICHTEN ZU BRINGEN. GUTENBERGS ERFINDUNG KANN DESHALB NICHT HOCH GENUG EINGESCHÄTZT WERDEN, WISSENSCHAFTLER HABEN IHN ZUM MANN DES MILLENNIUMS GEKÜRT (▶ SEITE 96).

HILDEGARD VON BINGEN LEBTE VOR GUT TAUSEND JAHREN. DAMALS SUCHTEN KÖNIGE UND KIRCHENFÜRSTEN DEN RAT DER WEISEN ORDENSFRAU UND AUCH HEUTE NOCH INSPIRIERT SIE VIELE MENSCHEN. HILDEGARD WAR UND IST EINE AUSNAHMEERSCHEINUNG. IN BINGEN KANN MAN AUF IHREN SPUREN WANDELN (▶ SEITE 14). IM LAUFE DER ZEIT KAMEN VIELE KÜNSTLER IN DEN RHEINGAU UND NACH RHEINHESSEN, SO ZUM BEISPIEL DIE GESCHWISTER CLEMENS UND BETTINA BRENTANO (SPÄTER BETTINA VON ARNIM). ER GILT ALS EIN HAUPTVERTRETER DER ROMANTIK, SIE WURDE DURCH IHREN BRIEFWECHSEL MIT JOHANN WOLFGANG VON GOETHE BERÜHMT. ALLE DREI VERBRACHTEN VIEL ZEIT IM SOMMERHAUS DER FAMILIE BRENTANO IN OESTRICH-WINKEL (RHEINGAU), WO MAN NOCH HEUTE EIN ZIMMER BESICHTIGEN KANN, DAS AUSSIEHT, ALS HABE GOETHE ERST GESTERN DORT ÜBERNACHTET (▶ SEITE 100).

LANDSCHAFTEN UND STÄDTE DER REGION FANDEN AUCH EINGANG IN DIE LITERATUR. LITERATUR NOBELPREISTRÄGER THOMAS MANN SETZTE DER STADT ELTVILLE IM RHEINGAU EIN DENKMAL IN SEINEM WERK „BEKENNTNIS DES HOCHSTAPLERS FELIX KRULL". DIE IM ROMAN BESCHRIEBENE SEKTFIRMA KRULL HAT IN DER IN ELTVILLE ANSÄSSIGEN KELLEREI MATTHEUS MÜLLER IHR VORBILD. CARL ZUCKMAYERS „FASTNACHTSBEICHTE" SPIELT IN MAINZ, „DER FRÖHLICHE WEINBERG" IN RHEINHESSEN – BEIDE WERKE SIND NICHT NUR EINHEIMISCHEN EIN BEGRIFF. ZUCKMAYER STAMMT AUS DEM RHEINHESSISCHEN NACKENHEIM. WELTBERÜHMT WURDE ER MIT DEM „HAUPTMANN VON KÖPENICK". UND AUCH FJODOR DOSTOJEWSKI HINTERLIESS HIER SEINE SPUREN. ER SOLL 1865 SEIN GESAMTES VERMÖGEN IN WIESBADEN VERSPIELT HABEN. KURZ DARAUF SCHRIEB ER DEN ROMAN „DER SPIELER", DER IM FIKTIVEN ROULETTENBURG SPIELT. UNKLAR IST ALLERDINGS, OB ER DAMIT WIESBADEN ODER BAD HOMBURG VEREWIGT HAT, WO ER EBENFALLS SCHULDEN MACHTE.

ABER AUCH DIE GEGENWART WARTET MIT BEKANNTEN PERSÖNLICHKEITEN AUF. SO STAMMT BUNDES-VERTEIDIGUNGSMINISTER FRANZ JOSEF JUNG AUS ERBACH IM RHEINGAU UND HAT IN MAINZ JURA STUDIERT, DIE SCHLAGERSÄNGERIN MARY ROOS IST IN BINGEN GEBOREN UND DER NOBELPREIS FÜR CHEMIE GING VOR EIN PAAR JAHREN AN PAUL CRUTZEN, DER VON 1980 BIS 2000 LEITER DES MAX-PLANCK-INSTITUTS IN MAINZ WAR. DER NIEDERLÄNDER ERHIELT DEN PREIS FÜR DIE ERFORSCHUNG DES OZONLOCHS. NICHT MINDER BEKANNT IST KARL KARDINAL LEHMANN, DER BISCHOF VON MAINZ, AUCH DESHALB, WEIL ER NICHT IMMER EINER MEINUNG MIT DER KURIE IN ROM IST.

Küche & Keller

Mit allen Sinnen

KÖNGERNHEIM

Prämierter Landgasthof

Die Adresse von Jordans Untermühle könnte besser nicht passen: „Außerhalb 1". Der Landgasthof liegt am Rande von Köngernheim, direkt am Selztalradweg (▸ Seite 31). Speisen kann man hier mitten in der Natur, kein Autoverkehr stört die Idylle. Doch nicht nur die Lage ist hervorragend, auch die Speisekarte. Deshalb wurde die Untermühle in einer Serie des SWR zum „Landgasthof des Jahres" gekürt. Zur Auswahl stehen dem Besucher die Mühlenstube, die Vinothek und der Wintergarten. Im Sommer ein Traum: der romantische Innenhof. Wer länger bleiben will: 15 Zimmer und drei Suiten stehen zur Verfügung.

INFORMATIONEN

AUSKUNFT
Jordans Untermühle
Außerhalb 1
55278 Köngernheim
☎ 06737/71000
@ www.jordans-untermuehle.de
@ info@jordans-untermuehle.de
① Täglich ab 11 Uhr geöffnet.

ANFAHRT
▸ Aus Bingen/Wiesbaden: A 60 Richtung Mainz/Rüsselsheim; am Kreuz Mainz-Süd A 63 Richtung Kaiserslautern/Alzey; A 63 bis Abfahrt Wörrstadt;
▸ Weiter B 420 Richtung Oppenheim/ Undenheim/Köngernheim;
▸ Aus Alzey: A 63 Richtung Mainz bis Abfahrt Wörrstadt; weiter s.o.;
▸ Die Mühle liegt etwas außerhalb.

Riesling, Rivaner, Sekt und Spätburgunder aus Rheinhessen genießen, dazu bei einem Spaziergang durch die Staatliche Weinbaudomäne Oppenheim feine Häppchen essen, mit netten Leuten in schöner Umgebung – und ganz nebenbei noch eine Menge über die hohe Kunst der Weinherstellung lernen. Das Walking Dinner ist eine Art Gesamtkunstwerk für Weinliebhaber.

Was macht eigentlich einen guten Wein aus? Welche Rolle spielen dabei die jeweiligen Rebsorten, der Boden, das Klima, die Lage? Und was ist noch mal die Aufgabe einer Staatlichen Weinbaudomäne? Alles, was man schon immer einmal zum Thema Wein fragen wollte, beim Walking Dinner hat man dazu die Möglichkeit. Erste Station ist der idyllische Hof des Anwesens. Schon nach den ersten Käse-, Wurst- und Fisch-Häppchen stellt man fest, dass der dazu gereichte Wein jedes Mal ein bisschen anders schmeckt. Welchen Wein zu welcher Speise?

Gibt es feste Regeln oder kann man sich da auf seine eigenen Vorlieben berufen? Und schon ist eine spannende Diskussion im Gange. Im kühlen Gewölbekeller – dem Gruselkabinett der Domäne – wartet dann der nächste Gang auf die Besucher. Bei Kerzenschein und umgeben von allerhand Tier-Skeletten, ausgestopften Vögeln, alten Landkarten und anderen Kuriositäten in Glasvitrinen. Warum das alles? Weil Genuss und die Bereitschaft dazu immer auch etwas mit der Atmosphäre zu tun haben, in der man zum Glas greift. Denn erst wenn alle Sinne auf Genuss eingestellt sind, entfaltet auch der Wein die letzten Geheimnisse seines Wesens. Zum Beispiel dieser feine Duft, der an Rosmarin oder Lavendel erinnert. Oder das erdige Aroma, oder dieser leichte Geschmack von Aprikose. Woher das kommt, erfährt man

Wein verstehen

Alte Presse vor der Staatlichen Weinbaudomäne Oppenheim.

INFORMATIONEN

AUSKUNFT

Staatliche Weinbaudomäne
Oppenheim
Wormser Straße 162
55276 Oppenheim
06133/930-305
www.domaene-oppenheim.de
info@domaene-oppenheim.de

ANFAHRT

▶ *Aus Mainz: B 9 Richtung Nierstein/*
Oppenheim.
▶ *Aus Bingen: A 60 Richtung*
Mainz/Rüsselsheim bis Abfahrt MZ-
Laubenheim, weiter Richtung B 9
Richtung Nierstein/Oppenheim.
▶ *Aus Alzey: A 63 bis Abfahrt*
Wörrstadt, weiter B 420 Richtung
Nierstein/Oppenheim;
▶ *In Oppenheim B 9 Richtung Worms;*
▶ *Die Domäne liegt am Ortsausgang;*
Parkplätze rechter Hand.

im Kräutergarten der Domäne. Schnuppert man an den dortigen Kräutern und hält man die Nase in eine Bodenprobe, dann vermag man Aromen aus der Umgebung eines Rebstocks im Wein wiederzuerkennen. Denn die weit verzweigten Wurzeln der Reben saugen ihre Umgebung buchstäblich auf und geben die Aromastoffe an ihre Trauben weiter. Wer das weiß und seine Sinne entsprechend trainiert, lernt die Umgebung eines Weinberges zu schmecken. Die komplexen Verbindungen zwischen den unterschiedlichen Einflüssen auf den Wein kämen allerdings nie zur vollen Geltung, wüsste der Winzer nicht, wie er die Trauben, die Maische und den Most im Keller bearbeiten muss. Das ist die nächste Station beim Walking Dinner. Der Kellermeister klärt über unterschiedliche Keltermethoden auf, er weiß Bescheid über die richtige Reihenfolge der Arbeitsschritte, übers Pressen, Schleudern, Umfüllen, Filtrieren, über die Lagerung im Holzfass oder im Stahltank oder über die notwendige Temperatur beim Garvorgang der verschiedenen Weine. Insgesamt gibt es rund 400(!) Faktoren, die Geschmack und Geruch eines Weines beeinflussen. Auch Klima, Lage und die Arbeit am Rebstock gehören dazu. Darüber erfahren die Besucher des Walking Dinners alles Wissenswerte im hauseigenen Weinberg und werden selbstverständlich auch hier mit Häppchen und einem Wein aus eigener Herstellung versorgt. Und davon gibt es einige, denn die Staatliche Weinbaudomäne Oppenheim ist so etwas wie ein Vorreiter bei der Weinherstellung. Die durch etliche, jahrelange Versuche gewonnenen Erkenntnisse werden den rheinland-pfälzischen Winzern zur Verfügung gestellt, außerdem werden die Wein-Profis bei der Vermarktung ihrer Produkte unterstützt. Aber auch ganz „normale" Weinliebhaber sind herzlich willkommen, zum Beispiel zu Weinproben, Sensorik- oder etwa Riesling-Seminaren. Tipp: Der Weinshop der Domäne Oppenheim. Die Auswahl an erstklassigen Weinen ist riesig.

Kulinarischer Streifzug

Unter dem Motto „Wein trifft …" überraschen rheinhessische Winzer in ihren Gutsschänken und Straußwirtschaften Monat für Monat ihre Gäste. Auf den Teller kommt, was typisch ist für die Jahreszeit: Spargel im Mai, Erdbeeren im Juni oder Kürbis im Oktober. Dazu gibt es natürlich die passenden Weine und, wenn man will, ein gutes Gespräch mit den Winzern dazu..

„Wo's Sträußchen hängt, wird ausgeschenkt", so heißt es in einigen Weinanbaugebieten in Deutschland. Gemeint ist damit, dass die Winzer früher zu bestimmten Zeiten in ihren Privaträumen Wein ausschenkten, weil die Fässer vor der Lese leer werden mussten. Als Erkennungsmerkmal wurden Kränze oder Blumensträuße mit bunten Bändern an die Tür gehängt. Die Tradition der Straußwirtschaften gibt es noch immer, heute allerdings nutzen die Winzer die Gelegenheit, ihre Weingüter und Weine Einheimischen und Auswärtigen vorzustellen. Sehnsuchtsvoll wird der Beginn der Straußwirtschaftssaison von vielen erwartet, denn die Weinstuben dürfen auch heute, wie damals, nur zu bestimmten Zeiten öffnen. Neben Weinen stehen deftige Kleinigkeiten wie Bratwurst, Käse- oder Wurstplatte auf der Karte, um eine gute „Grundlage" zu schaffen.

Herzhafte Kartoffelsuppe und dazu ein Glas Wein.

durch Rheinhessen

Vor ein paar Jahren haben sich einige rheinhessische Winzer allerdings etwas Neues für ihre Straußwirtschaften und auch ganzjährig geöffneten Gutsschänken ausgedacht. Unter dem Motto „Wein trifft ..." tischen 20 Betriebe auf, was die Region zu bestimmten Jahreszeiten bietet. Das lukullische Jahr beginnt im Frühling mit „Wein triff Fisch" und endet im Advent mit „Wein trifft Wild". Alle beteiligten Betriebe legen dann an einem Wochenende eine besondere Speisekarte auf. „Alles hat ganz klein angefangen, doch mittlerweile machen wir das richtig professionell", sagt Klothilde Weißbach, Geschäftsführerin der Arbeitsgemeinschaft. Wenn es im Herbst „Wein trifft Kürbis" heißt, können Neugierige in ihrer Straußwirtschaft „Am Michelsberg" in Mettenheim zum Beispiel eine Kürbislasagne oder Aprikosen-Kürbis-Kompott probieren.

Bei „Wein trifft Knolle" zaubert Klothilde Weißbach mit ihrem Küchenteam etwa Kartoffeln im Lachsmantel mit Feldsalat und Kartoffeldressing auf den Teller. Und im November trifft dann die Gans auf den Wein und bietet den Gäste kreative Kochkunst wie geräucherte Gänsebrust mit Rotwein-Pflaumen-Mus. Anregung

holen sich die Winzer und Winzerinnen im Dienstleistungszentrum ländlicher Raum (DLR) in Oppenheim. Dort werden Rezepte für die „Wein trifft ..."-Aktionen kreiert und ausprobiert. Trotzdem unterscheiden sich die Speisekarten in allen Betrieben. „Jeder greift sich das heraus, was in seinem Weingut machbar ist, viele entwickeln natürlich auch eigene Ideen", sagt Klothilde Weißbach.

Es lohnt sich also mehrer Betriebe über das Jahr verteilt zu besuchen. Nicht nur wegen der Überraschungen auf den Speisekarten, sondern natürlich auch wegen der unterschiedlichen Weine die angeboten werden. Denn darum geht es letztendlich. „Uns Winzerinnen und Winzer liegt es am Herzen, die passenden Weine zu den Speisen zu präsentieren, erst das macht einen lukullischen Abend in unseren Betrieben perfekt", sagt Klothilde Weißbach. Das alles gibt es zu moderaten Preisen. Kein Wunder also, dass die Aktion „Wein trifft ..." immer mehr Anhänger gewinnt. Interessierte sollten unbedingt einen Tisch in den beteiligten Straußwirtschaften und Gutsschänken reservieren.

Im Zeichen des Straußes

▶ Gutsschänke „Im Kelterhaus"
Schillerstrasse 10, 55270 Engelstadt
📞 06130/1717 ✉ info@hoch-kraft.de

▶ Ökologisches Weingut Schmitt
Weedenplatz 1, 67592 Flörsheim-Dalsheim
📞 06243/8515 ✉ info@gutsschaenke-schmitt.de
✉ www.gutsschaenke-schmitt.de

▶ Straußwirtschaft Nitschmann-Knewitz
Friedrich-Ebert-Str. 13, 67578 Gimbsheim
📞 06249/5443
✉ weingut-nitschmann-knewitz@t-online.de

▶ Gutsschänke Reßler
Obergasse 21, 55296 Harxheim
📞 06138/7155 ✉ weingut.ressler@harxheim.de
✉ www.weingut-ressler.de

▶ Straußwirtschaft Weißbach „Am Michelsberg"
Wilhelminenhof, 67582 Mettenheim
📞 06242/915151 ✉ info@weinhaus-weissbach.de
✉ www.weingut-weissbach.de

▶ Gutsschänke „Alte Brennerei"
Hauptstraße 31, 67591 Mölsheim
📞 06243/5364
✉ goehring@alte-brennerei-moelsheim.de
✉ www.alte-brennerei-moelsheim.de

▶ Straußwirtschaft „Geils Scheier"
Am Römer 22–24, 55234 Monzernheim
📞 06244/256 ✉ kontakt@roemer-hof.de

▶ Weinrestaurant „Zum Saalbau"
Langgasse 30, 67591 Mörstadt
📞 06247/377 ✉ info@winzerhotel.de

▶ Straußwirtschaft Bernhard Stenner
Grauelstr. 11, 55129 Mainz-Hechtsheim
📞 06131/509166
✉ bernhard@weingut-stenner.de

▶ Straußwirtschaft Petry
Ringstraße 38, 55129 Mainz-Hechtsheim
📞 06136/42914 ✉ petry-weingut@web.de

▶ Gutsschänke Horn
Ebersheimer Berg, 55268 Nieder-Olm
📞 06136/42484 ✉ info@horn-franzen-weingut.de

▶ Straußwirtschaft Bernhard Bär
Essenheimer Str. 2a, 55270 Ober-Olm
📞 06136/756741 ✉ weingut-baer@t-online.de

▶ Straußwirtschaft Feser
Bahnhofstr. 16, 55437 Ockenheim
📞 06725 5104 ✉ weingutfeser@t-online.de
✉ www.weingutfeser.de

▶ Straußwirtschaft HolzMühle
Schwerd-Str. 20, 67574 Osthofen
📞 06242/99914 ✉ info@weingut-holzmuehle.de

▶ Gutsschänke Schwalbenhof
Vordergasse 15, 55288 Partenheim
📞 06732/5882 ✉ heidi@weingut-schwalbenhof.de

▶ Gutsschänke Walldorf-Pfaffenhof
Mainzer Str. 50, 55291 Saulheim
📞 06732/5055 ✉ walldorf@pfaffenhof.de
✉ www.pfaffenhof.de

▶ Hofgut Ebling
Gutsschänke Außerhalb 1, 55288 Schornsheim
📞 06732/3481 ✉ info@hofgut-ebling.de
✉ www.hofgut-ebling.de

▶ Straußwirtschaft „Kleines Rheinhessen"
Sandgasse 10, 55599 Siefersheim
📞 06703/705
✉ willkommen@kleines-rheinhessen.de

▶ Straußwirtschaft Dätwyl
Hauptstr. 11, 67587 Wintersheim
📞 06733/4268209 ✉ info@daetwyl.de

▶ Weinstube „Zum Woifässje"
Hauptstr. 5, 55286 Wörrstadt-Rommersheim
📞 06732/61179 ✉ weingut_ullmer@t-online.de
✉ www.weingutullmer.de

Kupferberg

Im historischen Stammhaus der Sektkellerei Kupferberg haben die Mainzer Spitzenköche Eva Eppard und Frank Brunswig 2012 ihr neues Restaurant eröffnet. Die Landeshauptstadt hat seitdem eine weitere gastronomische Spitzenadresse. Im Sommer können die Gäste im schönsten Garten der Stadt Platz nehmen.

WALLUF

Picknickkorb willkommen

Die Bayern haben ihren Biergarten. Und die Rheingauer? Die haben ihren Weingarten! Er liegt direkt am Rhein. Die Besucher sitzen an Tischen und auf Bänken unter Bäumen und schauen den Schiffen nach. Das Konzept: Jeder bringt sein Essen selbst mit, Rheingauer Wein und Sekt (und Wasser) werden ausgeschenkt. So trifft man dort Senioren vor aufwendigen Käse- und deftigen Wurstplatten, Familien samt Picknickkorb oder junge Leute, die sich vom Pizzaservice versorgen lassen. Direkt vor dem Weingarten pendelt am Wochenende im Stundentakt ein Schiff zwischen Walluf und dem rheinhessischen Budenheim auf der gegenüberliegenden Seite.

INFORMATIONEN

AUSKUNFT
▶ Weingut J. B. Becker
Rheinstraße 6
65396 Walluf
☎ 06123/72523
🕐 Weingarten Mai–Okt. tgl. ab 17 Uhr, Wochenenden und feiertags ab 15 Uhr
▶ Personenschifffahrt Nikolay
Fährhaus am Rhein
55257 Budenheim
☎ 06139/2415
@ www.schiffahrt-nikolay.de

ANFAHRT
▶ Mit dem Auto
▶ Oder mit dem Schiff ab Budenheim.

Der altehrwürdigen Alexanderbau der ehemaligen Sektkellerei ist die Heimat des neuen Restaurant Kupferberg Terrassen. Zuvor war aufwändig saniert worden – immer unter den strengen Augen des Denkmalschutzes. Denn auch aus architektonischer Sicht ist das Kupferberg-Ensemble ein Markenzeichen der Stadt. Seit 1850 wurde hier Sekt produziert. Die Platzprobleme, die der rasante Aufstieg mit sich brachte, löste man ab 1888 mit Anbauten an die mittelalterlichen Räume. Schließlich gab und gibt es 60 Keller, die in sieben Etagen unter die Erde reichen. Kupferberg-Sekt wird heute an anderer Stelle produziert. Aber die prachtvolle Räume der ehemaligen Sektkellerei können noch immer besichtigt werden (▶ S. 52).

Auch Eva Eppard und Frank Brunswig sind in der Stadt keine Unbekannten. Eppard war lange allein unter Männern – als Küchenchefin eines Mainzer vier Sterne Hotels. Viele kennen sie auch aus Radio und Fernsehen. Brunswig betreibt zudem das Restaurant im Weingut der Stadt Mainz in Harxheim. Ihr Zusammenschluss funktioniert bestens. Sie ist für die Kochkunst zuständig, er für den Service und die Weinauswahl. So hat sich das Restaurant Kupferberg Terrassen rasend schnell zu einer Mainzer Top-Adresse gemausert.

Die beiden Betreiber fühlen sich sowohl dem Ort Kupferberg, als auch der Region Rheinhessen verpflichtet. So stehen über 100 Weine und Sekte vor allem aus der näheren Umgebung zur Auswahl. Frank Brunswig berät die Gäste gerne und empfiehlt, was zur bodenständigen

und Kupferburger

und zugleich anspruchsvollen Küche von Eva Eppard passt. Die Region steckt in vielen ihrer Kompositionen, sei es beim Gonsenheimer Kräutersalat oder beim Seeteufel-Saltimbocca mit Finther Stangenspargel. Zum Wein gibt es auch einfache Gerichte, die kreativ verfeinert sind, wie den Brezel-Salat mit Meenzer Spundekäs-Dressing oder den Kupferburger mit Focaccia, Bacon, Tomaten, Gurke und Blauschimmel- oder Cheddarkäse. Heiß zu empfehlen sind auch die prächtigen Kuchen der hauseigenen Konditorin und die leckeren Desserts.

Keine Überraschung, dass seit der Eröffnung des Restaurants eine kleine Völkerwanderung hinauf zum Kupferberg eingesetzt hat. Die Gäste schätzen den gelungenen Mix aus Moderne und Tradition, innen wie außen. Die Bar wirkt mondän, die Räume futuristisch und doch heimelig. Im traumhaften Garten sitzt man luftig an wunderbar gedeckten Tischen unter uralten Bäumen und mit Blick auf efeu- und weinberankte Mauern. Klar, dass der Park die Adresse für Sommerfeste ist, vor allem für Hochzeiten. Praktisch, dass das Standesamt im Kupferberg eine Zweigstelle eingerichtet hat.

INFORMATIONEN

AUSKUNFT

Restaurant Kupferberg Terrassen
Kupferberg 17–19
55116 Mainz
☎ 06131/6938363
✉ info@restaurant-kupferberg.de
🌐 www.restaurant-kupferberg.de

🕐 Mo. ab 17.30 Uhr
Di.–So. ab 11 Uhr;
warme Küche von
11.30 bis 14 Uhr &
17.30 bis 22 Uhr
Kaffee und Kuchen
von 14.30 bis 17 Uhr

ANFAHRT

▸ Aus Bingen A 60 Richtung
Frankfurt/Rüsselsheim.
▸ Aus Alzey A 63 Richtung Mainz
Jeweils bis Autobahnkreuz Mainz Süd;
weiter Richtung Mainz-Zentrum/Uni-
Kliniken, Vorfahrtsstraße folgen.
▸ Parkplätze unterhalb der Villa
Musica oder im Parkhaus direkt an
den Kupferberg Terrassen vorhanden.

Aus Schweden

Die romantische Schamari-Mühle gehörte einst zum Kloster Johannisberg. Heute ist sie in der Hand der Winzer-Familie Andersson, die hier hervorragenden Wein erzeugt. Ihn kann man zusammen mit leckeren Speisen im Gutsausschank der Mühle probieren, genießen und kaufen!

Wenn ein Rheingauer Winzer mit Familienname Andersson heißt, die blau-gelbe schwedische Fahne vor dem Weingut im Wind flattert, sein Betrieb früher mal eine Mühle war und den italienischen Namen Schamari trägt, dann kann man schon ahnen, dass hier eine spannende Geschichte dahintersteckt.

Der erste Schamari soll im 30-jährigen Krieg von Italien an den Rhein gekommen sein. Der Müller kaufte später die Mühle am Elsterbach. Um 1900 war sie eine der letzten noch arbeitenden Mühlen in Johannisberg. Doch als auch ihr Betrieb sich nicht mehr lohnte, wurde auf Landwirtschaft und Weinbau umgestellt. In den frühen 1950iger Jahren holte Peter Schmari seinen Neffen Erik Andersson aus Stockholm in den Rheingau. Er sollte das Weingut übernehmen. Der lernte hier seine deutsche Frau kennen und blieb. Heute leitet ihr Sohn Erik Andersson jun. zusammen mit seiner Frau Petra das Weingut. Zwar hat er einen schwedischen Pass, ist aber ein waschechter Rheingauer. Der Beweis: Seine Liebe zu gutem Wein. Auf vier Hektar Rebfläche werden zumeist Riesling, aber auch die roten Rebsorten Spätburgunder, Regent und Dornfelder angebaut. Die Weine punkten bei Weinprämierungen und werden im Gault Millau Weinguide und im „Feinschmecker" empfohlen. Am besten ist es, man probiert sie selbst an Ort und Stelle. Die Weine der Schamari-Mühle werden von Freitag bis Sonntag in der Weinklause angeboten. Diesen Gutsausschank gibt es bereits seit 1930. Damals haben viele Weingüter an so etwas

---

An den Weintankstellen

Der Rheingau ist eine der bekanntesten Weinregionen in Deutschland. Klar, dass hier gerne das ein oder andere Glas getrunken wird, nicht nur in Restaurants, Gutsschänken und Straußwirtschaften. In fast jedem Ort gibt es deshalb Weinprobierstände, an denen die Winzer abwechselnd ihre Gewächse anbieten. Meist sind sie an lauschigen Plätzen gelegen, viele stehen direkt am Rhein. Jung und Alt sitzen dort beisammen, ins Gespräch kommt man schnell. Deshalb sind diese Stände genau richtig für Touristen, die die Rheingauer Lebensart und den Wein näher kennenlernen wollen.

INFORMATIONEN

AUSKUNFT
▶ *Rheingau-Taunus*
Kultur & Tourismus GmbH
An der Basilika 11 A
65375 Oestrich-Winkel
☎ *06723/99550*
@ *www.kulturland-rheingau.de*

WEINPROBIERSTÄNDE (eine Auswahl)
▶ *Eltville: unter den Platanen*
direkt am Rheinufer
▶ *Erbach:*
Direkt am Rhein, am großen Parkplatz
▶ *Hattenheim:*
In den Rheinanlagen unterhalb der B 42
▶ *Walluf:*
Am Jachthafen
▶ *Kiedrich:*
Ortsmitte gegenüber Valentinuskirche
▶ *Rüdesheim:*
Auf dem Marktplatz.

an den Rhein

nicht mal im Traum gedacht. „Einige ältere Johannisberger können sich noch an die Anfänge erinnern und erzählen mir davon", sagt Erik Andersson. Neben den Weinen werden Speisen wie Winzerfladen, geräucherte Wisperforelle, Schwarzwälder Schinken oder Spundekäs angeboten. Daneben steht ein Spezialgericht auf der Speisekarte, das sich meist nach der Jahreszeit richtet. Ab und zu ist auch eine schwedische Spezialität dabei. Weil auch das Ambiente mit dem wunderschönen Garten und dem Blick über Wiesen und Weinberge seinesgleichen sucht, ist es manchmal Glückssache, hier einen Platz zu ergattern.

Die Schamari-Mühle ist ein Familienbetrieb. Man trifft die Menschen, die hier leben, sich um Garten und Gutsausschank kümmern, den Wein machen. Der wächst in Parzellen, die keine 10 Gehminuten von der Mühle entfernt sind. Von der Ernte bis zum Verkauf verlassen die Weine die Schamari-Mühle nicht, der Begriff Gutsabfüllung wird ernst genommen. Wer verschiedene Weine probieren möchte, wird an die Probiertheke gebeten. Dort schauen von Schwarz-Weiß-Fotos die Schamaris und Anderssons auf die Gäste herab. „Wie das Leben so spielen kann", wird sich der eine oder andere denken. Nebenbei erfährt er von Erik Andersson, dass unklar ist, woher der Name Schamari eigentlich kommt. Er könnte sich vom persischen Schah oder vom hugenottischen Namen Jean-Marie ableiten. Egal welche Version stimmt, sie macht die Geschichte der Schamari-Mühle noch interessanter, als sie ohnehin schon ist.

Idyllisch gelegen:
Die Schamari-Mühle in Johannisberg

INFORMATIONEN

AUSKUNFT

Schamari-Mühle
Erik & Petra Andersson
Grund 65
65366 Johannisberg
☎ 06722/64537
@ www.schamari.de
@ mail@schamari.de
⓵ Weinverkauf werktags von 9–12 und 13–18 Uhr und nach tel. Absprache

ANFAHRT

▶ *Aus Mainz über Schiersteiner Brücke bis Abfahrt Rüdesheim;*
▶ *Weiter A 66 Richtung Rüdesheim;*
▶ *Aus Wiesbaden A 66 Richtung Rüdesheim;*
▶ *Jeweils weiter B 42 bis Oestrich-Winkel;*
▶ *Am Ende von Winkel rechts Richtung Johannisberg (Schloss Johannisberg);*
▶ *In Johannisberg links Kanzler-Metternich-Str; nach ca. 200 Metern rechts zur „Schamari Mühle" (einige Parkplätze vorhanden).*

ELTVILLE
Ausschank im Weinberg

Vor den Toren des berühmten Klosters Eberbach im Rheingau (S.104) liegt die Domäne Steinberg, die heute zum hessischen Staatsweingut gehört. Inmitten dieser weltberühmten Weinlandschaft steht das Schwarze Häuschen. Der Weinausschank im Rebenmeer bietet edle Weine, begleitet von einer kleinen Vesper und einem Panoramablick über den Rheingau. Die Besichtigung des nahe gelegenen Steinbergkellers, einem der modernsten Weinkeller in Europa, bietet sich an. Informationen dazu gibt es bei der Touristinfo Eltville.

INFORMATIONEN

AUSKUNFT
▶ *Schwarzes Häuschen*
Domäne Steinberg zwischen Kloster Eberbach und Hattenheim
65346 Eltville
📞 *0611/17 43 718*
@ *www.kloster-eberbach.de*
▶ *Touristinfo Eltville*
📞 *06123/909835* @ *www.eltville.de*

1️⃣ *Geöffnet April–Okt. Fr. 16–20 Uhr, Sa., So. und Feiertage ab 11– 20 Uhr.*

ANFAHRT
▶ *Von der A 66 auf die B 42. Abfahrt Kiedrich in Richtung Kloster Eberbach. In Kiedrich der Beschilderung Kloster Eberbach folgen. Am Kloster in Richtung Hattenheim fahren. Nach ca. 300 Metern befindet sich auf der rechten Seite die Domäne Steinberg mit Parkplatz. Achtung: Ins Navigationsgerät Domäne Steinberg, 65346 Eltville eingeben.*

GEISENHEIM-JOHANNISBERG:
Beste Aussichten

Majestätisch thront sie inmitten von Weinbergen über dem Rheingau: Burg Schwarzenstein. Ihre 150 Jahre alten Mauern beherbergen heute ein Spitzenhotel mit Restaurant. Atemberaubend ist der Blick von hier oben weit über das Rheintal.

Die Aussicht lässt einem erst einmal den Atem stocken. Betritt man die rebenumrankte Burgterrasse, fühlt man sich wie im Traum. Der Blick kann völlig ungehindert kilometerweit schweifen, über die angrenzenden Weinberge, das Örtchen Johannisberg, hinunter ins Rheintal, wo der Rhein als silbern schimmerndes Band die Grenze nach Rheinhessen markiert, weiter bis Ingelheim und Mainz und darüber hinaus.

Kein Wunder, dass sich die Familie der Wein- und Sektdynastie Mumm vor rund 150 Jahren diesen Ort für einen repräsentativen Familiensitz auswählte. Weil damals in der Zeit der Rheinromantik die Burgenbegeisterung aufkeimte, ließen sie sich ihren Stammsitz mit Turm und Zinnen-gekrönten Mauern bauen. Burg Schwarzenstein ist also keine mittelalterliche Burg, trotzdem fühlt man sich dort genau so, und natürlich steht das Anwesen unter Denkmalschutz. Der Kontrast zwischen den alten Mauern und dem eleganten Ambiente ist es auch, der der Burg heute einen Spitzenplatz unter den Restaurants und Hotels im Rheingau verleiht. 2004 wurde sie umgebaut und saniert.

Jetzt können Anhänger des Dolce faniente schöne Stunden hier verleben. In der Burg selbst ist das Burgrestaurant untergebracht, wo die Gäste nach dem Credo „Regionale Küche zum Wein" bewirtet werden. „Zu jedem Gericht wird ein korrespondierender Wein angeboten, damit erfüllen wir den Wunsch vieler Gäste", sagt Gastgeberin Stephanie Teigelkamp. Zum Kompott von der Lammhaxe mit breiten Bohnen, Tomaten und Gnocchi wird beispielsweise ein Rotwein Castillo Perelada, Tinto Crianza von 2003 empfohlen, zu den Rheingauer Vespergerichten wie Spundekäs, Schweinskopfsülze oder Fleischpflanzerl dürfen Rieslinge natürlich

für Genießer

Mit Weinreben umrankte Terrasse.

nicht fehlen. Zum Burgrestaurant gehören die Burgterrasse sowie Rhein- und Erkerzimmer. Auch von hier kann man durch raumhohe Fenster stets den Blick über den Rheingau schweifen lassen. Die herrliche Aussicht war auch zentraler Punkt beim Planen eines Neubaus auf dem Gelände, der sich wunderbar in das Burgensemble einfügt und das Gourmetrestaurant beherbergt. Der rundum verglaste Pavillon kann im Sommer komplett geöffnet werden, so dass der Gast das Gefühl hat, mitten im Weinberg zu sitzen. Nicht nur das Design des Gourmetrestaurants ist modern, Küchenchef Sven Messerschmidt interpretiert die klassisch französische Küche auf moderne Art. Auf den Teller kommen Cassoulet von Kalbsbries mit grünem Spargel und Pfifferlinge oder gratinierte Seeteufelbäckchen auf jungem Lauch mit Würfelkartoffel. Wenn sich dann die Dunkelheit über den Rheingau legt, im Restaurant die Kerzen entzündet werden und ringsum in den Orten die Lichter wie Glühwürmchen heraufleuchten, klingt ein perfekter Abend aus.

Wer übernachten möchte, für den stehen Zimmer bereit. Jedes von ihnen ist individuell ausgestattet, sodass sich ganz schnell das Gefühl einstellt, man sei zu Hause. Nicht umsonst ist Burg Schwarzenstein in die französische Luxushotel-Vereinigung Relais&Château aufgenommen worden. In der Nacht kann man im Himmelbett schon vom Frühstück träumen, mit bester Aussicht, versteht sich ...

INFORMATIONEN

AUSKUNFT
Burg Schwarzenstein
Restaurant & Hotel
Rosengasse 32
65366 Geisenheim-Johannisberg
☎ 06722/99500
🌐 www.burg-schwarzenstein.de
✉ info@burg-schwarzenstein.de

ANFAHRT
▶ A 66 – bis Autobahnende, B 42
Richtung Rüdesheim, am (braunen)
Hinweisschild Johannisberg die B42
verlassen und der Beschilderung
Johannisberg/Burg Schwarzenstein
folgen. Nach rund 3 Kilometern erreicht
man das Restaurant/Hotel.

Unter Denkmalschutz: Die 150 Jahre alte Burg Schwarzenstein mit ihren romantischen Gewölben.

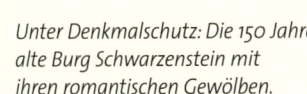

Buntes Treiben

MAINZ

DREIMAL IN DER WOCHE KANN IN MAINZ NACH LUST UND LAUNE EINGEKAUFT WERDEN. DANN SCHLAGEN DIE ANBIETER AUS DER REGION IHRE BUNTEN STÄNDE AUF DEM MARKTPLATZ IM SCHATTEN DES DOMS AUF. MAN KENNT SICH, UND ZEIT FÜR EIN SCHWÄTZCHEN BLEIBT IMMER, BEISPIELSWEISE MIT DEM EIERVERKÄUFER, DER ZU JEDEM MARKTTAG SEIN HUHN MITNIMMT. WENN DIE EINKAUFSKÖRBE MIT FRISCHEM OBST, GEMÜSE, KÄSE, WURST, BROT UND BLUMEN VOLL GEFÜLLT SIND, IST ZEIT FÜR EINE PAUSE BEI CAPPUCCINO, KUCHEN ODER EINEM EISBECHER. ENTWEDER IN DEN ZAHLREICHEN CAFÉS RUND UM DEN MARKTPLATZ ODER GANZ IN DER NÄHE IN DER AUGUSTINERSTRASSE, DER ÄLTESTEN STRASSE DER STADT.

TOURISTIK CENTRALE MAINZ; BRÜCKENTURM/RATHAUS (RHEINSTR. 55), 55116 MAINZ,
☎ 06131/286210 @ WWW.TOURISTIK-MAINZ.DE ℹ MO.–FR. 9–18 UHR SA. 10–16 UHR SO. 11–15 UHR, AN FEIERTAGEN GESCHLOSSEN

WIESBADEN

EIN BUNTER FARBKLECKS IN DER INNENSTADT IST AUCH IN WIESBADEN DER WOCHENMARKT. AUF DEM DERN'SCHEN GELÄNDE IM ZENTRUM LOCKEN MITTWOCHS UND SAMSTAGS ZWISCHEN 7 UND 14 UHR LANDWIRTE UND VERMARKTER MIT IHREN PRODUKTEN WIE OBST, GEMÜSE, FISCH, FLEISCH, BACKWAREN UND PFLANZEN. AUCH HIER LADEN STÄNDE MIT KLEINEN WARMEN GERICHTEN UND GETRÄNKEANGEBOT ZUM VERWEILEN EIN. IN WIESBADEN WIRD AN EINIGEN SAMSTAGEN DAS SOGENANNTE MARKTFRÜHSTÜCK ANGEBOTEN, MIT VIELEN LECKEREIEN UND EINEM ZUSATZANGEBOT, WIE LIVEMUSIK ODER KÜRBISSCHNITZEN. SITZGELEGENHEITEN STEHEN NATÜRLICH ZUR VERFÜGUNG.

WIESBADEN TOURISTINFORMATION, MARKTPLATZ 1, 65183 WIESBADEN
☎ 0611/1729930 @ WWW.WIESBADEN.DE ℹ OKT.–MÄRZ: MO.–FR. 10–18 UHR, SA. 9.45–15 UHR, SO. GESCHLOSSEN; APRIL–SEPT.: MO.–FR. 10–18 UHR; SA. 9.45–15 UHR, SO. 11–15 UHR

WORMS

WIE IN MAINZ HABEN AUCH IN WORMS EINHEIMISCHE UND BESUCHER DREIMAL IN DER WOCHE DIE GELEGENHEIT, FRISCHES OBST UND GEMÜSE AUF DEM MARKT ZU KAUFEN. AUF DEM MARKTPLATZ IN DER WORMSER INNENSTADT SPANNEN DIE HÄNDLER DIENSTAGS, DONNERSTAGS UND SAMSTAGS IHRE MARKTSCHIRME AUF. JEWEILS VON 7 BIS 13 UHR.

TOURIST-INFORMATION, NEUMARKT 14, 67547 WORMS
☎ 06241/25045 @ WWW.WORMS.DE

Feste

&

Feiern

Aufmarsch des

Der Rosenmontagszug in Mainz ist weltbekannt. Weniger bekannt, aber nicht weniger spektakulär ist der Jugendmaskenzug am Fastnachtssamstag – immerhin der größte seiner Art in Europa! Dann gehört die Stadt den jungen Narren.

KIEDRICH

Spaß mit altem Fastnachtsbrauch

Prunksitzungen gibt es an Fastnacht allenthalben. Das kleine Rheingau-Örtchen Kiedrich hat während der närrischen Tage dagegen etwas Besonderes zu bieten: die Kiedricher Schnorrer Rallye. Und die geht so: Maskierte Gruppen ziehen an einem Abend durch Gaststätten, das Bürgerhaus, Straußwirtschaften und das Festzelt und versuchen mit ihren Darbietungen das Publikum zum Lachen zu bringen oder mit ihrer Kostümierung in Staunen zu versetzen. Um Mitternacht prämiert dann – beim großen Showdown – eine Jury die Gruppen, die sich demaskieren und die Preise entgegennehmen. Das Schnorren ist ein alter Fastnachtsbrauch, der andernorts so gut wie ausgestorben ist.

INFORMATIONEN

AUSKUNFT

▶ Fremdenverkehrsamt
Rathaus, Marktstraße 27, 65399 Kiedrich
☎ 06123/9050-10/-11 @ www.kiedrich.de
🗓 Die Schnorrer Rallye findet immer
Donnerstags an Weiberfasching statt
▶ Rheingau-Taunus
Kultur & Tourismus GmbH
An der Basilika 11 A, 65375 Oestrich-Winkel
☎ 06723/99550
@ www.kulturland-rheingau.de

ANFAHRT

▶ Aus Alzey: A 63 bis Kreuz Mainz-Süd;
▶ Weiter A 60 Richtung Koblenz;
▶ Aus Mainz/Bingen: A 60 bis Abfahrt
Wiesbaden (Schiersteiner Brücke); weiter
bis Abfahrt Rüdesheim;
▶ Weiter A 66 Richtung Rüdesheim; bis
Abfahrt Kiedrich;
▶ Im Ort eine Anlaufstelle der Schnorrer
Rallye aussuchen.

Wenn man in anderen Teilen Deutschlands und im Ausland nach der Stadt Mainz fragt, dann bekommt man oft die Antwort: „Rosenmontagszug" oder „Mainz bleibt Mainz, wie's singt und lacht". Und wirklich, die Fassenacht, wie man hier sagt, gehört zur Stadt und umgekehrt. Dazu beigetragen haben Funk und Fernsehen. Den Rosenmontagszug sehen jedes Jahr 500.000 Narren am Straßenrand und Millionen vor dem Fernseher. Weniger bekannt ist dagegen der Jugendmaskenzug, der sich am Fastnachtssamstag ab 14.11 Uhr in Bewegung setzt, immerhin das größte Spektakel seiner Art in Europa. 2007 konnte er bereits auf eine 50-jährige Tradition zurückblicken.

Und das kam so: Nach der verheerenden Zerstörung am 27. Februar 1945 lag Mainz in Schutt und Asche. Erst 1950 wurde der Rosenmontagszug wieder aufgenommen, und um dem Jahrhundertealten Brauch zusätzliches Leben einzuhauchen, wurde die Idee eines Jugendmaskenzuges geboren. Die Mainzer konnten sogar die amerikanischen Besatzungstruppen für dieses Vorhaben gewinnen. 1957 war es dann so weit, der erste

närrischen Nachwuchses

Jugendmaskenzug, der damals noch Kindermaskenzug hieß, schlängelte sich durch die Stadt. Ab 1958 gab es dann erstmals ein Kinderprinzenpaar. Schulen wurden eingeschaltet und stellten Gruppen, Vereine und selbst die Amerikaner mit ihren Familien liefen im Zug mit.

Auch heute noch sind viele Schulen, Kindertagesstätten, Kindergärten und Jugendverbänden das Rückgrat des Umzugs. Ohne die Kreativität und den Enthusiasmus der Erzieher und der Schüler wäre es wohl kaum möglich, 4.000 Teilnehmer auf die Strecke zu bringen und 50.000 Menschen als Zuschauer an den Straßenrand. Monatelang wird für den Auftritt gewerkelt. Und so machen die bunten kreativen Kostüme den Zauber des Jugendmaskenzuges aus. Er steht jedes Jahr, wie auch sein großer Bruder, der Rosenmontagszug, unter einem bestimmten Motto. Auch die Kids orientieren sich am Zeitgeschehen. Das Motto im WM-Jahr 2006 hieß beispielsweise: „Die Mainzer Kinder feiern heute die WM der Lebensfreude, darum soll auch bei uns am Rhein die Welt zu Gast bei Freunden sein!" Und zum 50-jährigen Bestehen des Maskenzugs hatte man folgende Parole ausgegeben: „Wir feiern, das ist Grund genug, fünfzig Jahr' Jugendmaskenzug. Ja so ein Tag man nie vergisst – wenn das kein Grund zum Feiern ist".

Und so traten die Kinder als Torten und festlich gedeckte Tafel verkleidet an, sie steckten unter Blumenstraußkostümen oder zeigten mit ihren Kostümen das Wetter zum Umzug in den vergangenen 50 Jahren. Neben dem Ansporn, die Zuschauer in Staunen zu versetzen, winken für die Jugendlichen mit den kreativsten Verkleidungen Geldpreise für die Klassenkasse.

Kleine Narren ganz groß: In Mainz beginnt die Fassenacht in der Wiege.

INFORMATIONEN

AUSKUNFT
Touristik Centrale Mainz
Brückenturm am Rathaus
55116 Mainz
☎ 06131/286210
@ www.touristik-mainz.de
@ tourist@info-mainz.de
ⓘ Der Zug startet am
Fastnachtssamstag ab 14.11 Uhr und
verläuft durch die Mainzer Innenstadt.

ANFAHRT
► Aus Bingen A 60 bis Abfahrt
Saarstraße/Zentrum;
► Aus Rüdesheim/Wiesbaden über
die Schiersteiner Brücke bis Abfahrt
Mainz-Mombach/Zentrum;
► Aus Alzey A 63 bis Mainz-Zentrum;
► Parkplätze sind ausgeschildert.

Sommer im Schlosshof

Alljährlich warten die Alzeyer auf das Ende der Sommerferien. Dann steht der kulturelle Höhepunkt der Stadt im Veranstaltungskalender, das Sommerfestival „Da Capo". Der Hof des imposanten Alzeyer Schlosses wird für zehn Tage zur Open-Air-Bühne für Stars, Gruppen und Ensembles. Von Pop bis Klassik, für jedes Alter ist etwas dabei. Das Mainzer Kammerorchester, BAP, die Prinzen, Patti Smith, Tito & Tarantula oder Otto Waalkes & Die Friesenjungs, sie alle waren schon in Alzey zu sehen und vor allem zu hören. Die großartige Akustik des Schlosshofes ist bei Künstlern und Besuchern beliebt. Das Schloss, vermutlich aus dem 13. Jahrhundert, wurde nach Zerstörung und Verfall zu Beginn des 20. Jahrhunderts wieder komplett aufgebaut.

INFORMATIONEN

AUSKUNFT

Tourist-Information Alzeyer Land
Antoniterstraße 41
55232 Alzey
06731/499364
www.alzeyer-land.de
touristinfo@alzey.de

ANFAHRT

▶ Von Mainz/Kaiserslautern:
Über A 61 bis Kreuz Alzey;
▶ Aus Richtung Koblenz:
Über A 63 bis Kreuz Alzey;
▶ Jeweils weiter Richtung Alzey/
Zentrum; der Beschilderung zu den
Parkplätzen folgen.

Ein Fest für die

Normalerweise schwärmen die Menschen in Rheinhessen und dem Rheingau von den feinen Weißweinen ihrer Region. Eine Ausnahme ist die Stadt Ingelheim. Hier widmet man, immer während der Weinlesezeit Ende September, dem Rotwein ein rauschendes Fest.

Das Ingelheimer Rotweinfest gilt als eines der schönsten Weinfeste in Rheinhessen. Entscheidenden Anteil daran hat der Ort des Geschehens: das Gelände rund um die historische Burgkirche St. Wigbert aus dem 12. Jahrhundert. Umschlossen von einem mächtigen, doppelten Mauerring, thront die mittelalterliche Wehrkirche über der Stadt und den Weinbergen. Schon vor 3.000 Jahren soll sich hier eine heidnische Kultstätte befunden haben. Und auch heute noch pilgern Menschen aus allen Richtungen auf den Hügel – durch alte, mit bunten Wimpeln geschmückte Gassen hinauf zum Fest. Das große Festzelt, der Weinbrunnen, die einladenden Probierstände der Ingelheimer Winzer und die fröhliche Stimmung machen es auch Fremden leicht, sich in der romantischen Kulisse des „Rotweindorfes" willkommen zu fühlen. Zumal die sprichwörtliche Ungezwungenheit und Kontaktfreudigkeit der Rheinhessen während der Weinfest-Saison erst richtig zum Vorschein kommen!

Trauben des Königs

Ein Fest rund um die Rebe.

Das Fest (alljährlich vom letzten Wochenende im September bis zum ersten Wochenende im Oktober) beginnt stets mit der Krönung der Rotweinkönigin. Dann folgen neun Tage Festprogramm mit Tanz, allerhand Konzerten, festlichen Weinproben und einem Flohmarkt. Einen Rummelplatz gibt es natürlich auch, mit Kettenkarussell, Berg- und Talbahn, Autoscooter und den üblichen Wurf-, Los- und Schießbuden.

Und dazwischen: Immer wieder ein Gläschen vom guten Roten. Der Ingelheimer Rotwein hat eine lange Tradition. Begründet wurde sie bereits vor mehr als 1.200 Jahren, als Kaiser Karl der Große hier die berühmte Kaiserpfalz gründete und die Anpflanzung der roten Burgunderrebe verfügte. Ein historischer Glücksfall, wie man heute weiß, denn in Ingelheim wachsen von jeher die besten Rotweine. Was Kaiser Karl nicht wissen konnte, moderne Untersuchungen aber gezeigt haben, in den Böden der Ingelheimer Lagen und im milden Rheinhessen-Klima fühlen sich Früh- und Spätburgunder, Portugieser und Dornfelder-Reben besonders wohl. Das schmeckt man auch, selbst wenn man kein ausgewiesener Kenner ist. Ein guter Einstieg also, um sich mit dem Thema Rotwein näher zu beschäftigen. Und es gibt viel zu probieren, denn angeblich soll es weltweit fast fünftausend verschiedene Sorten Rotwein geben. Seine Geschichte reicht bis in das fünfte Jahrtausend vor Christus zurück und spätestens seither gilt, nicht nur auf dem Ingelheimer Rotweinfest, was Wilhelm Busch einmal gesagt hat: „Rotwein ist für alte Knaben eine von den besten Gaben".

INFORMATIONEN

AUSKUNFT
Rheinhessen-Touristik GmbH
Friedrich-Ebert-Str. 17
55218 Ingelheim am Rhein
☏ 06132/4417-0
@ www.rheinhessen.de

ANFAHRT
▶ Aus Alzey: A 63 bis Mainzer Ring; weiter A 60 Richtung Bingen/Koblenz;
▶ Aus Mainz: A 60 Richtung Bingen/Koblenz;
▶ Jeweils bis Ingelheim/Ost; weiter Richtung Ingelheim/Zentrum;
▶ Beschilderung Parkplätze/Rotweinfest folgen.

Sommerfest

BINGEN

Die Nacht der Verführung

Ein ganz besonders romantisches Weinfest Ende Mai: Dort, wo der Wein auch wächst, mitten in den Weinbergen, feiern die Binger ihre „Nacht der Verführung". Schauplatz: die große Wiese am Nussbaum, einem alten, allein stehenden Baum unterhalb der Rochuskapelle, den jeder Binger seit seiner Kindheit kennt. Ein Fest ohne lauten Rummel, eher beschaulich. Dazu die besten Binger Weine und passende Speisen, Livemusik und der Blick über die Reben hinüber zum Jakobsberg und hinunter zum Rhein bis in den Rheingau. Eine einmalige Stimmung von Sonnen-untergang bis spät in die Nacht, die vom Mond und von Flammschalen in den Weinbergen beleuchtet wird. Geheimtipp!

INFORMATIONEN

AUSKUNFT
Tourist-Information Bingen
Rheinkai 21
55411 Bingen am Rhein
☎ 06721/184-200 /-205 /-206
@ www.bingen.de

ANFAHRT
▶ Aus Mainz: A 60 bis Bingen/Ost;
▶ Aus Alzey: A 61 bis Dreieck Nahetal;
▶ Weiter A 60 Richtung Mainz bis Bingen/Ost;
▶ Jeweils weiter Richtung Bingen/Zentrum;
▶ Beschilderung Rochuskapelle folgen;
▶ Parkplätze auf dem Rochusberg.

Eines der schönsten Sommerfeste im Land findet alljährlich auf Schloss Johannisberg statt, hoch oben im Rheingau. Nicht nur wegen des mondänen Ambientes in den Höfen und Gärten des herrschaftlichen Schlosses, auch wegen der ausgezeichneten Musik und der feinen Küche kommen die Besucher in Scharen.

Der kritische Blick in den Kleiderschrank und dann in den Spiegel ist nicht zu umgehen, hat man Karten für das Sommerfest auf Schloss Johannisberg ergattert, schließlich will man beim Flanieren im Schlosshof eine „Bella Figura" machen. Schon bei der Anfahrt steigert der Blick auf das Schloss die Vorfreude. Hoch über dem Rheingau liegt es mitten in einem Meer aus Rieslingreben. Schreitet man durch das Schlosstor, wähnt man sich in eine andere Zeit oder eine Fernsehserie versetzt: Die Kulisse ist wie geschaffen für ein rauschendes Fest unter freiem Himmel. Unter Schirmen genießen die Besucher ihren ersten Sekt, bevor es mit dem Musikprogramm losgeht. Da das Schlossfest zum Programm des Rheingau Musik Festivals (▶ Seite 118) gehört, ist höchster Musikgenuss garantiert. Während des ganzen Abends gibt es auf verschiedenen Bühnen Konzerte unterschiedlicher Stilrichtungen, und es darf bis in die Nacht geschwoft werden! Dazwischen ist genügend Zeit, an einem der vielen Essensständchen das Passende zu finden, die Auswahl fällt allerdings schwer. Gut, dass man einen langen Abend Zeit hat, sich durch die Angebote der Spitzenköche aus dem Rheingau zu probieren: Bratwurst auf einem Bett aus asiatischem Gemüse, Krustentier-Ravioli oder doch lieber das Sauerampfer-Parfait?

Ein Bummel durch die weitläufige Schlossanlage wird nie langweilig, immer ist an irgendeiner Ecke irgendetwas los. Insider kennen aber auch die lauschigen Örtchen. So gelangt man beispielsweise durch einen romantischen Laubengang zu einer kleinen Balustrade, unter der sich

für alle Sinne

Perle im Rheingau: Schloss Johannisberg.

INFORMATIONEN

AUSKUNFT

▶ Rheingau Musik Festival
Rheinallee 1
65375 Oestrich-Winkel
℡ Tickethotline: 06723/602170
@ www.rheingau-musik-festival.de
@ info@rheingau-musik-festival.de
▶ Schloss Johannisberg
65366 Geisenheim-Johannisberg
℡ 06722/70090
@ www.schloss-johannisberg.de
@ info@schloss-johannisberg.de

ANFAHRT

▶ Vom Wiesbadener Kreuz kommend,
auf die A 66 Richtung Rüdesheim.
Diese mündet bei Eltville in die B 42.
▶ Dem Rheinlauf folgend, pas-
sieren Sie die Gemeinden Erbach,
Hattenheim und Oestrich-Winkel.
▶ Die B 42 an der Ausfahrt Geisenheim
verlassen und den Hinweisschildern

ein herrlicher Blick über die Weinberge, die umliegenden Dörfer und den Rhein öffnet. Im Spätlesereiterhof kommt man am Denkmal des berühmten Spätlesereiters vorbei. Spätestens jetzt wird noch einmal bewusst, dass man sich hier auf einem Flecken Erde befindet, der Weingeschichte geschrieben hat (und schreibt). Nicht nur, dass Schloss Johannisberg eines der ältesten Riesling-Weingüter der Welt ist, hier wurde auch die Spätlese „erfunden". Und das kam so: Im 18. Jahrhundert gehörte das Schloss dem Fürstabt von Fulda. Jeden Herbst musste ein Bote Trauben nach Fulda bringen, damit der Fürstabt den Zeitpunkt der Lese bestimmen konnte. Doch im Jahr 1775 kam der Reiter mit einiger Verspätung zurück, die Trauben hatten an den Stöcken bereits zu faulen begonnen. Als man sie dennoch presste, hatte man den bis dahin edelsten Tropfen gekeltert und das bahnbrechende Geheimnis der Edelfäule entdeckt. Auch viele Berühmtheiten haben den Johannisberg gesehen, darunter Goethe und Heinrich Heine, der gesagt haben soll „Mon Dieu! Wenn ich doch so viel Glauben in mir hätte, dass ich Berge versetzen könnte – der Johannisberg wäre just derjenige Berg, den ich mir überall nachkommen ließe".

Das wünscht sich wohl auch so mancher Besucher, wenn spät am Abend das Ende des Sommerfestes mit einem grandiosen Feuerwerk eingeläutet wird. Doch es gibt einen Trost. Man kann den Johannisberg auch unter dem Jahr besuchen, entweder um hier im Wein-Cabinet Weine zu probieren und zu kaufen. Oder um die Gutsschänke zu besuchen und bei einem tollen Blick von der Terrasse zu speisen.

Mit Haube, Frack

ERBACH

Fest zu Ehren der Erdbeere

Nichts schmeckt so nach Sommer wie Erdbeeren. Dieser Königin der Früchte hat der Ort Erbach ein ganzes Festwochenende im Juni gewidmet. Unter anderem auch, weil Erdbeeren hier einst angebaut, auf dem großen Obstmarkt von Erbach verkauft und sogar an königliche und kaiserliche Höfe geliefert wurden. Da in der Winzergemeinde allerdings auch nichts ohne Wein geht, wurde bald beides zusammengemischt. Herausgekommen ist die Erdbeerbowle, die beim Erdbeerfest im ganzen Ort angeboten wird – im Sommer eine herrlich spritzige Erfrischung. Natürlich gibt es Erdbeeren auch als Kuchen oder einfach auf die Hand.

INFORMATIONEN

AUSKUNFT

Tourist-Information Eltville am Rhein
Rheingauer Str. 28
65343 Eltville am Rhein
☎ 06123/9098-0
@ www.eltville.de

ANFAHRT

▶ Aus Frankfurt: A 66 Richtung Rüdesheim bis Eltville
▶ Aus Mainz: Schiersteiner Brücke bis Schiersteiner Kreuz;
▶ Weiter Richtung Rüdesheim bis Erbach.

Das Sekt- und Biedermeierfest bietet alles, was ein Sommerfest braucht, Schattenplätze unter Platanen, einen herrlichen Blick auf den Rhein, hervorragenden Winzer-Sekt und prächtige Rosenbeete in voller Blüte. Doch es gibt noch einen ganz speziellen Anziehungspunkt: die Mode der Biedermeierzeit.

Einen Ausflug ins 19. Jahrhundert, ohne dafür ins Museum zu müssen, kann man in der ältesten Stadt des Rheingaus jedes Jahr Ende Juni, Anfang Juli machen, beim Sekt- und Biedermeierfest. Dann mischen sich Frauen unter das Festvolk, die sich eine Wespentaille geschnürt haben. Ihre Kleider sind bodenlang und vornehmlich kariert, gestreift oder geblümt. Dazu tragen sie die berühmte Schute, eine Haube, die unter dem Kinn geschnürt wird, und einen Schirm, der die vornehmen Damen vor der Sonne schützt. Die Männer stehen der Eleganz der Frauen in nichts nach. In Frack und Zylinder, um den Hals ein aufwendig gebundenes Tuch und eine Taschenuhr in der Hand, flanieren sie nach Art der Dandys durch die Straßen.

Bereits im Jahr 1935 gab es ein Biedermeierfest in Eltville. In einer Zeit zunehmender politischer Unruhe besannen sich die Stadtväter auf die bürgerlichen Tugenden, wie sie während des Biedermeiers im 19. Jahrhundert gepflegt wurden. Damals kultivierte das Bürgertum sein Privat- und Familienleben besonders intensiv. Tugenden wie Fleiß, Ehrlichkeit, Bescheidenheit und Treue wurden hoch geachtet. An diese Tradition knüpfte der Eltviller Biedermeierverein in den Neunzigerjahren des letzten Jahrhunderts wieder an. Ein passender Ort für ein solches Vorhaben, denn wer nach einer Idylle sucht, ist in Eltville mit seinen romantischen Gässchen und Fachwerkhäusern gerade richtig. Wer während des Festes den besten Blick auf die vornehmen Damen und Herren haben will, sollte am Nachmittag des Festsonntags kommen, dann präsentieren sich alle Mitglieder des Biedermeiervereins während eines kleinen Umzuges in ihren Kostümen.

und Sonnenschirm

Doch Eltville (lat. alta villa, die hochgelegene Stadt) ist nicht nur wegen seiner Biedermeier-Tradition berühmt. Eltville trägt auch die Beinamen Sekt- und Rosenstadt. Hier wird seit 150 Jahren Sektgeschichte geschrieben. Namen wie Matheus-Müller, Mumm und Schloss Vaux haben Eltville in der ganzen Welt bekannt gemacht. Mit einem Glas Sekt im Schatten der Platanenallee am Rheinufer zu stehen und den Schiffen nachzuschauen, verleiht dem Fest den besonderen Charakter. Aber natürlich auch die Rosen, die im Hochsommer in voller Blüte stehen. 22.000 Rosenstöcke blühen in den Grünanlagen und im Burggraben, denn dort, wo weltberühmte Weine reifen, ist das Klima genau richtig für die Königin der Blumen. Unter den 350 Sorten finden sich viele Raritäten. Mit Fug und Recht darf sich Eltville deshalb zu einer von neun deutschen Rosenstädten zählen.

Für alles, was die Stadt zu bieten hat, reicht ein Festtag natürlich nicht aus, daher dauert das Sekt- und Biedermeierfest auch von Donnerstag bis Montag. Gefeiert wird am Rheinufer, in der Kurfürstlichen Burg und im Gutspark des Weingutes Langwerth von Simmern. Im Zwinger der Burg ist ein Weindorf errichtet, in dem die Eltviller Winzer ihre Tropfen und Leckereien anbieten. Auf vier Bühnen gibt es Musik für jeden Geschmack. Das Fest endet montags mit einem Feuerwerk über dem Rhein.

Blick auf die Kurfürstliche Burg.

INFORMATIONEN

AUSKUNFT

Tourist Information Eltville
Rheingauer Straße 28
65343 Eltville am Rhein
06123/90980
www.eltville.de

ANFAHRT

▶ *Aus Frankfurt: A 66 Richtung*
Rüdesheim bis Eltville;
▶ *Aus Mainz: Schiersteiner Brücke bis*
Schiersteiner Kreuz;
▶ *Weiter Richtung Rüdesheim bis*
Eltville.

Wo die

Nacht voller Fröhlichkeit

In Mainz wird viel gefeiert. Der Höhepunkt der Festsaison ist aber unbestritten die Mainzer Johannisnacht, die nicht nur eine Nacht, sondern vier Tage und Nächte dauert – immer um den 21. Juni. Sie ist mehr als eine Kirmes, obwohl Fahrgeschäfte in der ganzen Stadt stehen. Auf mehreren Bühnen werden Musik, Theater und Gaukelei geboten. Dazu gibt es den Büchermarkt, den Künstlermarkt am Rhein und die Kabarettnacht. Nicht verpassen sollte man das „Gautschen". Die feuchtfröhliche Buchdruckertaufe erinnert an den größten Sohn der Stadt, Johannes Gutenberg (▶Seite 96). Das Fest endet traditionell mit einem großen Feuerwerk über der Stadt.

I N F O R M A T I O N E N

AUSKUNFT

Touristik Centrale Mainz
Brückenturm/Rathaus (Rheinstr. 55)
55116 Mainz
☏ 06131/286210
@ www.touristik-mainz.de
① Das Johannisfest findet von Freitag bis Montag immer in zeitlicher Nähe zum Johannistag (24. Juni) statt.

ANFAHRT

▶ Aus Bingen: A 60 bis Abfahrt Saarstraße/Zentrum;
▶ Aus Rüdesheim/Wiesbaden: Über die Schiersteiner Brücke bis Abfahrt Mainz-Mombach/Zentrum;
▶ Aus Alzey: A 63 bis Mainz-Zentrum;
▶ Parkplätze sind ausgeschildert.

Das Backfischfest ist ein Fest der Superlative, eines der größten Wein- und Volksfeste am Rhein. Neun Tage dauert das Spektakel. Dabei vermischen sich mittelalterliche Tradition und Gegenwart, denn das Backfischfest wird zu Ehren der Wormser Fischerzunft gefeiert, die 1106 gegründet wurde.

Woher genau das Fest seinen Namen hat, ist unklar, er könnte zurückgehen auf die Backfischbratereien, die beim Fest eine Hauptrolle spielen, oder auf die Bezeichnung für ein junges Mädchen, einen Backfisch eben. Genügend Backfische sind jedenfalls unterwegs, sei es bei der Eröffnung des Festes oder auf dem viel besuchten Festumzug. Das Fest hat eine lange Tradition und wurde zum ersten Mal 1933 gefeiert, zu Ehren der Wormser Fischerzunft. Die gibt es seit dem Jahre 1106 und ist somit die älteste aller deutschen Zünfte.

Die Fischer, Schiffer und Fährleute lebten auf der Fischerweide vor den Toren der Stadt, im Volksmund „Fischerwääd" genannt. Es ist heute eine kleine Gasse mit schmucken, eng aneinandergebauten Häuschen, deren Höfe früher bis ans Wasser reichten. Die Kähne konnten leicht an Land gezogen und die Fische fangfrisch auf den Fischmarkt gebracht werden. Zur Erinnerung daran übernimmt für die Dauer des Festes der

Fischerstechen in Worms.

„Bojemääschter vun de Fischerwääd" mit seiner hübschen „Backfischbraut" das Regiment über die Stadt. Zur feierlichen Amtsübergabe mit dem Oberbürgermeister und den Festgästen wird der mittelalterliche Tanz der Wormser Zunftgesellen aufgeführt. Und auch sonst vermischen sich Tradition und Moderne: Am zweiten Festsonntag beispielsweise kann man am Floßhafen dem Fischerstechen zuschauen, einem alten Bootswettkampf, bei dem versucht wird, den Gegner mittels einer Stange vom gegnerischen Boot ins Wasser zu stoßen.

Allerdings hätten sich die Fischer von 1109 wohl nicht vorstellen können, dass ihnen zu Ehren einmal rund 250.000 Besucher in die Stadt kommen, dass auf dem Festplatz am Rhein bunte Autoscooter ihre wilden Runden drehen, Riesenrad Jupiter einen Blick aus 50 Meter Höhe gewährt oder eine Achterbahn mit Namen Crazy Coaster von Kurve zu Kurve rast. Weit über 100 Schausteller und Marktbeschicker sorgen für Kurzweil.

Backfische feiern

AUSKUNFT
▶ Tourist Information Worms
Neumarkt 14
67547 Worms
☎ 06241/25045
@ www.worms.de
ⓘ Das Backfischfest wird jedes Jahr am
letzten Samstag im August eröffnet
und dauert neun Tage.

ANFAHRT
▶ Aus Mainz: A 63 bis Kreuz Alzey und
weiter A 61 Richtung Ludwigshafen/
Worms;
▶ Aus Bingen/Alzey A 61 Richtung
Ludwigshafen/Worms; jeweils bis
Abfahrt Worms-Zentrum;
▶ Parkplätze sind ausgeschildert.

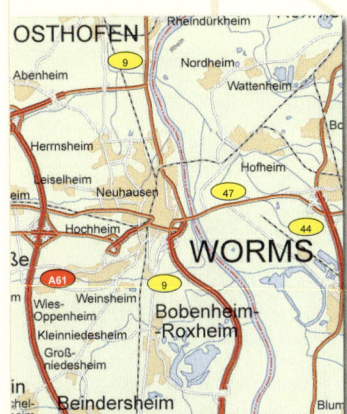

Ein weiterer Höhepunkt des Backfischfestes ist der Festumzug am ersten Festsonntag, bei
dem Musik- und Fußgruppen sowie Prunkwagen durch die Innenstadt ziehen. Der Ruf, der
von den Wagen und aus den Zuschauerrängen gleichermaßen erschallt, lautet – wie konnte
es anders sein – : Ahoi!

Neun Tage lang ist Worms im Ausnahmezustand, so mancher Einheimische nimmt sich
für das Fest sogar Urlaub, kein Wunder, das Angebot ist einfach riesengroß. Es reicht vom
Frühschoppen bis zur Oldie-Night, vom Lampionumzug bis zur Kinderolympiade. Besonders
gern wird der „Wonnegauer Weinkeller" auf dem Festplatz angesteuert. In einem Zelt ist dort
ein Weindorf aufgebaut. An den rund 20 Weinständen bieten Winzer aus Worms und der
Umgebung mehr als 400 Rot- und Weißweine zur Verkostung an.

Auch das schönste Fest geht einmal zu Ende – in Worms mit einem großen Feuerwerk.

Apfel, Nuss

WEIHNACHTSMARKT DER NATIONEN IN RÜDESHEIM

IN DER HISTORISCHEN ALTSTADT UND DER DROSSELGASSE HAT EIN WEIHNACHTSMARKT NATÜRLICH EINE GANZ BESONDERE ATMOSPHÄRE. UND WEIL IN RÜDESHEIM DAS GANZE JAHR ÜBER MENSCHEN AUS ALLER HERREN LÄNDER ZU BESUCH SIND, PRÄSENTIEREN IM ADVENT ZWÖLF NATIONEN AN ÜBER 120 STÄNDEN WEIHNACHTSARTIKEL UND -BRÄUCHE AUS DER GANZEN WELT.

RÜDESHEIM TOURIST CENTER, RHEINSTR. 29A, 65385 RÜDESHEIM AM RHEIN
06722/90615-0 @ WWW.RUEDESHEIM.DE @ WWW.WEIHNACHTSMARKT-DER-NATIONEN.DE
IM ADVENT TÄGLICH GEÖFFNET 11–20 UHR, SA. UND SO. BIS 21 UHR

WEIHNACHTSMARKT IN MAINZ

ROMANTISCHER ALS IN MAINZ KANN EIN WEIHNACHTSMARKT KAUM SEIN. DAFÜR SORGT DIE KULISSE AUF DEM HISTORISCHEN MARKTPLATZ MIT DEM DOM IM HINTERGRUND. UNTER EINEM LICHTERZELT REIHEN SICH WEIHNACHTSBUDEN ANEINANDER. BESONDERS SEHENSWERT SIND DIE LEBENSGROSSEN KRIPPEFIGUREN AUS HOLZ UND DIE ELF METER HOHE, SICH LANGSAM DREHENDE WEIHNACHTSPYRAMIDE.

TOURISTIK CENTRALE MAINZ, BRÜCKENTURM/RATHAUS (RHEINSTR. 55), 55116 MAINZ
06131/286210 @ WWW.TOURISTIK-MAINZ.DE
IM ADVENT TÄGLICH GEÖFFNET, MO. BIS FR. 11–20.30 UHR, SA. 10–21 UHR, SO. 11–21UHR.

STERNSCHNUPPENMARKT IN WIESBADEN

DURCH STERNENGESCHMÜCKTE TORE GELANGT MAN ZUM WEIHNACHTSMARKT AUF DEM SCHLOSSPLATZ. DORT BIETEN KUNSTHANDWERKER IHRE WAREN FEIL. DER PLATZ IST MIT GROSSEN FESTLICH BELEUCHTETEN LILIEN GESCHMÜCKT, DIE DEM WAPPEN DER STADT NACHEMPFUNDEN SIND. MITTELPUNKT DES MARKTES IST DER 24 METER HOHE WEIHNACHTSBAUM. BIS ZUM 23. DEZEMBER GIBT ES EIN TÄGLICH WECHSELNDES PROGRAMM AUS CHÖREN, KRIPPENSPIELEN ODER MÄRCHENSTUNDEN.

TOURIST-INFO, MARKTPLATZ 1, 65183 WIESBADEN
0611/1729930 @ WWW.WIESBADEN.DE
IM ADVENT TÄGLICH GEÖFFNET, MO.–DO. 10.30–21 UHR, FR., SA. 10.30–21.30 UHR, SO. 12–21 UHR

WEIHNACHTSMARKT IN WORMS

DER DUFT NACH ZIMT, NELKEN, GEBRANNTEN MANDELN UND GLÜHWEIN LOCKT DIE BESUCHER ZUM WEIHNACHTSMARKT AUF OBERMARKT, LUTHER- UND LUDWIGSPLATZ. FÜR KINDER GIBT ES GLEICH ZWEI ÜBERRASCHUNGEN: EINE „LEBENDE KRIPPE", BESTÜCKT MIT TIEREN AUS DEM WORMSER ZOO, DIE GESTREICHELT WERDEN KÖNNEN, UND DAS NIBELUNGENBÄHNCHEN, DAS DURCH DIE WEIHNACHTLICH GESCHMÜCKTE INNENSTADT FÄHRT. ERWACHSENE DÜRFEN AUCH ZUSTEIGEN ODER DIE STADT MIT EINEM FÜHRER UNTER DEM MOTTO „ENGELSCHAR UND PLÄTZCHENDUFT" ERKUNDEN.

TOURIST INFORMATION, NEUMARKT 14, 67547 WORMS
06241/25045 @ WWW.WORMS.DE
IM ADVENT: MO.–FR. 10.30–20 UHR SA. 10–20 UHR SO. 12–20 UHR

und Mandelkern ...

SCHEUNENWEIHNACHT IN OESTRICH-WINKEL

EIN KLEINER, ABER FEINER WEIHNACHTSMARKT ÖFFNET AN EINEM ADVENTSWOCHENENDE IM UND RUND UM DAS KULTURHAUS BRENTANOSCHEUNE IM STADTTEIL WINKEL. VOR ALLEM BEI FAMILIEN IST DER WEIHNACHTSMARKT BELIEBT, BIETET ER DOCH VIELE ATTRAKTIONEN, BEISPIELSWEISE VORLESESTUNDEN MIT WEIHNACHTSGESCHICHTEN, STOCKBROTESSEN, KARUSSELLFAHRTEN UND NIKOLAUSBESCHERUNG.

MAGISTRAT DER STADT OESTRICH-WINKEL, PAUL-GERHARDT-WEG 1, 65375 OESTRICH-WINKEL

☎ 06723 /992 -0 @ WWW.OESTRICH-WINKEL.DE

ⅰ GEÖFFNET AM 3. ADVENTSWOCHENENDE

WEIHNACHTSMARKT IN ALZEY

DIE MALERISCHE ALTSTADT IST DIE KULISSE FÜR DEN STIMMUNGSVOLLEN WEIHNACHTSMARKT IN ALZEY. DIE FACHWERKHÄUSER AUF DEM ROSSMARKT SIND WEIHNACHTLICH GESCHMÜCKT UND ÜBER UND ÜBER MIT BUNTEN PÄCKCHEN BEHÄNGT.

TOURIST-INFORMATION ALZEYER LAND, 55232 ALZEY

☎ 06731/499364 @ WWW.ALZEYER-LAND.DE

ⅰ SO.–DO. 11–20 UHR FR. & SA. 11–21 UHR

*Wacht am Rhein: Burgruine Ehrenfels
gegenüber von Bingen*

Bildnachweis

Titelfoto: Rheingau Taunus Information

▶ **Amt für Touristik, Bingen:** 14 unten, 27 unten, 84, 146 oben links ▶ **Amt für Öffentlichkeitsarbeit Mainz:** 27 oben links, 96 oben links, 97 Mitte, 140, 142 Mitte ▶ **Baranenko, Klaus:** 28 oben links, 54 oben links, 60 oben ▶ **Bewegungsforum Nieder-Olm:** 58 oben links ▶ **Bildarchiv Landeshauptstadt Mainz:** 62 ▶ **Bodderas, Hansjürgen:** 110 Mitte ▶ **Burg Schwarzenstein:** 138 oben, 138 unten, 139 ▶ **Ebenthaler Hof:** 34 oben links ▶ **Eppard, Eva:** 135 ▶ **Feldmann, Werner:** 27 oben Mitte ▶ **Goebel, Horst:** 38 Mitte ▶ **Goebel, Olaf:** 68 Mitte, 69 unten ▶ **Hessische Staatsweingüter:** 138 oben links ▶ **ideemedia:** 143 unten - **Kaufmann, Lena:** 113 oben Mitte **Preidl, Cornelia:** 50 oben links - **Rempe, Sabine:** 126 - **Schöllkopf, Kai:** 73, 132 links - **Schöllkopf, Uwe:** 3, 4, 13, 69 oben, 76, 78, 80, 100 Mitte, 130 links, 154, 158 ▶ **Intention Werbeagentur GmbH:** 32 Mitte ▶ **Jazzbüro Bingen swingt:** 120 oben links, 120 oben, 120 unten, 121 Mitte ▶ **Kaiser Friedrich Therme:** - **Hebel, Oliver:** 44 Mitte - **Drebes, Xenia:** 45 oben rechts ▶ **Kaiserpfalz Ingelheim, Forschungsstelle:** 106 oben, 106 unten, 107 oben rechts, 107 oben ▶ **Kloster Eberbach:** - **Heibel, Herrmann:** 105 unten - **Palmen, Michael:** 104 Mitte ▶ **Kurhaus Wiesbaden:** 56 oben links ▶ **Lasse Burrell Productions:** 32 oben links, 136 oben links ▶ **LGS Bingen 2008:** 90 ▶ **Musikkabinett:** 94 Mitte, 95 oben, 95 unten ▶ **Naheland Touristik GmbH:** - **Donsbach, Georg:** 20 oben links ▶ **Nibelungen Festspiele GmbH:** 91, 98 Mitte 98 unten, 99 - **Zehlen, Ute:** 98 oben ▶ **Rheingau Taunus Information:** 29 Mitte, 48 unten, 68 oben links, 105 oben rechts, 112 oben links, 113 Mitte, 118 Mitte, 119 unten ▶ **Rheinhessen Touristik GmbH:** 36, 104 oben links ▶ **Rheinwelle GmbH:** 40 oben links, 46 oben links, 46 Mitte, 46 unten rechts, 47 unten links ▶ **RLP Tourismus:** 98 oben links, 131, oben, 150 Mitte - **Piel Media:** 48, 60 unten, 72, 74, 115, 127, 130 unten, 132 oben, 144 oben links, 144 oben, 153 unten - **Schäfer, Gerd:** 70 oben ▶ **Rüdesheim Tourist AG:** 20 Mitte - **Walter, K. H.:** 14 oben links, 17 oben rechts, 21 Mitte, 24 oben, 94 oben links, 95 oben rechts, 108 oben links, 109 oben ▶ **Rüdesheimer Seilbahngesellschaft:** 109 oben rechts ▶ **Schamari Mühle:** 136 Mitte, 137 ▶ **Schloss Freudenberg:** - **Bascom, David:** 57 oben - **Richter, Roger:** 6, 56 oben Mitte, 57 oben rechts, 57 oben ▶ **Schloss Johannisberg:** 146 oben ▶ **Siegmund, Helga:** 70 oben links ▶ **Staatliche Weinbaudomäne Oppenheim:** 129 ▶ **Staatsbad Schlangenbad GmbH:** 71 oben ▶ **Stadtarchiv Worms:** 43 oben, 92 oben links, 93 oben ▶ **Steiermark:** 132 unten ▶ **Tourismusverband Bingen:** 86 ▶ **Weis, Klaus:** 23 rechts oben ▶ **Werbeagentur Knopf:** 24 unten ▶ **Wiesbaden Marketing:** 38 oben links, 39 oben, 44 oben links ▶ **Zohm:** 8, 14 mitte links, 14 Mitte, 15 oben rechts, 16 oben links, 16 Mitte, 18 oben links, 18 Mitte, 19 unten, 19 rechts oben, 22 oben links, 22 Mitte, 25, 26 oben links, 26 Mitte, 28 unten, 29 rechts oben, 29 unten, 30 oben links, 30 Mitte, 31 Mitte, 33 unten, 34 Mitte, 35 unten, 37, 38 unten, 39 unten, 41 oben rechts, 41 Mitte, 42 oben links, 42 Mitte, 49, 50 Mitte, 51 oben rechts, 54 Mitte, 55 oben rechts, 55 Mitte, 55 unten, 57 Mitte, 58 oben, 59 oben rechts, 61, 62 oben links, 64 oben links, 64 Mitte, 65 oben rechts, 65 Mitte, 66 oben links, 66 Mitte, 67 oben rechts, 66 oben, 66 Mitte, 82, 83, 88, 93, 96 Mitte, 97 oben rechts, 101, 106 oben links, 108 unten, 110 oben links, 111 oben rechts, 111 Mitte, 112 unten, 113 oben, 114, 116, 117, 118 oben links, 122 oben links, 112 oben, 113 Mitte, 124 oben links, 124 unten, 125 oben rechts, 128 oben links, 128 Mitte, 134 oben links, 134 Mitte, 135 oben, 141, 142 oben links, 144 unten, 145 oben links, 147 Mitte, 148, 149, 150 oben links, 152

WOHIN

Lesen.

GEHT

Laden.

DEUTSCHLAND

Losgehen.

?

Wandern von den schönsten Seiten.
Und dabei immer einen Schritt voraus
mit Europas modernsten Wegbegleitern:
WanderTOUREN mit GPS-Anbindung. Lesen,
laden, losgehen: Alle Tourenvorschläge
für Rheinsteig, Rheinburgenweg
und Westerwaldsteig auch zum
Download für Navigationsgeräte.

Bücher und Karten im Buchhandel und
unter www.ideemediashop.de

A

Achim von Arnim 16, 100
Adlerwarte 50
Algesheim 30, 46, 47
Alsheim 28, 64, 65
Alzey 14, 26, 30, 32, 60, 106, 144, 153
Amiche 26
Appenheim 30
Assmannshausen 17, 20, 118
Aulhausen 17, 34

B

Backfischfest 150, 151
Badesee 40, 42
Balthasar Neumann 43
Bänkelches-Route 66
Basilika St. Ägidius 17
Bechtolsheim 31
Beethoven 3
Felix Krull 126
Bella Kultura 18
Beller Kirche 18
Benediktiner 14, 24
Biebrich 17, 29, 53, 70
Biebricher Schloss 17, 28, 70
Bingen 14, 26, 33, 36, 41, 60, 72, 73, 74, 76, 78, 80, 82, 84, 86, 88, 90, 108, 109, 120, 126, 146
Bingerbrück 15, 40, 41
Binger Loch 21, 27, 41, 77, 88, 108
Bodenheim 26
Brentano 12, 16, 17, 28, 87, 100, 126
Budenheim 27, 36, 134
Burg Ehrenfels 79
Burghofspiele 122
Burg Klopp 21, 79, 108, 120
Burg Rheinstein 21
Burgruine Rossel 20
Burg Scharfenstein 35
Burg Schwarzenstein 138

C

Caligari 100
Carl Zuckmayer 3, 26, 48, 60, 126
Chor 122
Chorstift Kiedrich 123
Coface-Arena 62

D

Da Capo 144
Dautenheim 32
Dichterkabinett 88
Die Nacht der Verführung 12, 146
Dienheim 28
Dinotherium 33
Dintesheim 33
Dom 29, 42, 43, 92, 97, 98, 99, 110, 120, 124, 125, 152
Drosselgasse 16, 17, 29, 94, 152
Druckladen 96, 97

E

E-Bikes 36
Ebentaler Hof 34
Eberbach 4, 17, 24, 35, 50, 51, 68, 104, 105, 118, 119, 122
Eckelsheim 18, 19, 32
Eibingen 14, 15, 72, 118
Eich 27, 33
Eicher See 26, 33
Eisenbahn 26
Eltville 4, 17, 28, 35, 51, 62, 71, 96, 104, 118, 122, 126, 136, 147, 148
Engelstadt 30, 133
Eppelsheim 33
Erbach 12, 17, 28, 63, 126, 136, 147, 148
Erdbeere 12, 28, 130, 148

F

Fastnacht 60, 102, 126, 142
Fernsehen 22, 23, 142
Fjodor Dostojewski 45, 56, 126
Flonheim 32, 104, 133
Flörsheim 16, 17, 24, 133
Flötenweg 68
Framersheim 30, 31, 32
Frauenstein 70
Freibad Maaraue 46
Friesenheim 26, 31

G

Gala-Konzerte 119
Garten 18, 54, 67, 68, 71, 85, 90, 92, 94, 110, 137
Gartenführerinnen 54, 55
Gartenstadt 84
Gästebegleiter 11, 62
Gau 19, 26, 30, 32, 46, 65, 67, 104
Gautschen 150
Gebückwanderweg 71
Geisenheim 12, 17, 28, 68, 77, 134, 138, 146
Gensingen 36
Germania 21, 108
Gimbsheim 32, 133
Goethe 3, 17, 45, 80, 97, 112, 116, 126, 147
Graues Haus 28, 112
Gregorianik 122
Greiffenclau 112
Grolsheim 36
Groß-Winternheim 30
Grünewald 3
Guntersblum 28, 72, 133
Gutenberg 3, 60, 96, 126, 150
Gutenberg-Museum 97
Gutsausschank 35, 63, 69, 117, 130, 132, 136

H

Hahnheim 18, 30, 54
Hallgarten 17, 68
Hamm 33
Harxheim 26, 133
Hattenheim 17, 28, 35, 118, 136, 147
Heidenfahrt 36
Heidesheim 36
Heiliger Sand 92, 93
Heilkräutergarten 15
Heißluftballon 20
Herrnsheim 28, 42
Hildegard von Bingen 14, 29, 41, 60, 72, 90, 118, 126
Historischer Verladekran 84
Hochheim 17
Hofkonzert 118
Hohlwegwanderung 65

I

Ingelheim 24, 26, 28, 30, 36, 46, 60, 62, 64, 72, 106, 138, 144

J

Jazzfestival 121
Jazzmusik 119, 120
Johannes Gutenberg 96, 126, 150
Johannisberg 12, 17, 24, 68, 118, 119, 136, 137, 138, 139, 146, 147
Jordans Untermühle 128
Jüdische Kulturtage 11, 92
Jüdisches Museum 92, 93

Regi

K

Kaiser-Friedrich-Therme 45
Kaiserpfalz 42, 106, 107, 145
Kammerburg 71
Karl der Große 106
Katharinenkirche 26, 110
Kellerlabyrinth 110, 111
Kelten 60, 83
Kiedrich 10, 12, 17, 34, 35, 51, 62, 63, 68, 69, 105, 122, 123, 136, 142
Kiedricher Schnorrer Rallye 142
Klassik im Gewölbe 114, 116
Klettergarten 39, 58, 59
Kletterkiste 11, 58
Kletterwald 58, 59
Kloster Eberbach 17, 24, 35, 50, 51, 68, 69, 104, 105, 118, 122
Köngernheim 12, 26, 31, 128
Kräuter 19, 54, 55, 66, 67, 83, 85
Kräuterdorf 18, 19
Kräuterhexen 66, 67
Kräuterwanderung 66
Kreuzgewölbe 114, 125
Kuhkapellen 12, 114, 116
Kühn's Mühle 68, 69
Kulturhof 18, 19

Landgasthof 12, 128
Leinpfad 27
Lerchenberg 22
Lindenfestes 29
Lorch 16, 17, 70, 71, 77, 118
Lorchhausen 17, 24, 71
Lutherdenkmal 42

Mainz 16, 22, 23, 26, 27, 32, 39, 46, 52, 60, 62, 72, 79, 97, 102, 124, 126, 133, 140, 142, 150, 152
Mainzelmännchen 22
Mainzer Johannisnacht 150
Mapper Schanze 71
Mariannenaue 28
Martin Luther 42, 43
Martinsthal 17, 71
Mauchenheim 30
Mäuseturm 21, 27, 79, 84, 87, 88, 90, 108
Mettenheim 28, 131, 133
Mittelheim 17, 68
Mohrenmühle 32
Mommenheim 26, 133
Morschheim 30
Musikalische Weinproben 119

Kunstschmied 18
Kupferberg 52, 135
Kurfürstliche Burg 96, 149
Kutsche 34, 35

L

Lama-Trekking 51
Landesfunkhaus 23
Landesgartenschau Bingen 27, 75, 83, 84, 90

N

Nackenheim 26, 27, 48, 126
Name der Rose 4, 68, 105
Naturerlebnisbad 40, 41
Naturschutzgebiet „Hahn-heimer Bruch" 31
Naturschwimmbad 40
Neroberg 38, 39, 58, 59
Nerobergbahn 38, 39, 59
Neubornbad 40
Nibelungen 26, 32, 42, 43, 60, 92, 98, 99
Nibelungen-Festspiele 98
Nibelungen Museum 98
Nieder-Hilbersheim 30
Nieder-Olm 31, 55, 58, 133
Niederwald 21, 50, 88, 108
Niederwalddenkmal 20, 21, 29, 34, 41, 50, 108, 109
Niederwalluf 28, 70, 71, 118
Nierstein 26, 27, 42, 54, 60, 110, 111, 129
Nordic Walking 72

O

Ober-Hilbersheim 30
Oberwalluf 71

Obstroute 30
Oestrich 12, 17, 28, 29, 31, 64, 68, 69, 71, 112, 113, 116, 118, 126, 136, 137, 142, 147, 153
Oestrich-Winkel 12, 17, 28, 29, 31, 64, 68, 69, 71, 100, 112, 118, 126, 136, 137, 142, 147, 153
Opelbad 38, 59
Oppenheim 22, 26, 28, 42, 54, 55, 65, 110, 128, 129, 132
Orgelführung 124
Orgeln 63, 122
Osthofen 28, 33, 42, 104

Panorama-Wanderweg 68
Physica 15
Planwagenfahrt 35

R

Radio 22, 23
Rauenthal 17
Regionalbad Rheinwelle 46, 47
Rheinauen 60, 64
Rheindürkheim 33
Rheingau Musik Festival 118, 147

Rheinsteig 68, 69
Rheinterrassen 28, 88
Rhine on Skates 36
Rieslingradweg 29
Riesling Route 16, 17
Ritter 78
Riverboat Shuffle 119
Rochusberg 15, 41, 72, 146
Rochuskapelle 14, 15, 20, 80,
146
Römer 42, 44, 45, 60, 62, 83
Rotweinfest 144, 145
Rüdesheim 28, 29, 34, 35, 41,
48, 50, 62, 63, 69, 72, 88, 94,
95, 108, 109, 152
Ruine Ehrenfels 21, 29, 88, 108
Ruine Scharfenstein 34, 69
Russische Kapelle 39

Schamari-Mühle 136, 137
Schiersteiner Hafen 70
Schlangenbad 71
Schlossfest 112, 146, 147
Schloss Freudenberg 6, 57
Schloss Johannisberg 17, 24,
68, 119, 137, 146, 147
Schloss Vollrads 17, 28, 68, 112,
113, 119
Schwabenheim 30, 31, 36
Sekt- und Biedermeierfest
148, 149
Sektkellerei Henkell 52, 53
Selzen 26, 31, 133
Selztalradweg 31, 36, 128
Siefersheim 12, 32, 66, 67, 114,
116, 133
Siegfried`s Mechanisches
Musikkabinett 94, 95
Skatenights Mainz/Wiesba-
den 36
Sommerfestival 144
Spielbank 56
St. Stephan 124
St. Valentinus 122, 123
Stadecken 30, 31, 36, 58
Störche 70
Strausswirtschaften 114, 130
Südwestrundfunk 22, 23, 128
Synagoge 92, 93, 116

Thomas Mann 126
Traktor 54
Trullo 104

Valentinuskirche 17, 34, 63, 68,
69, 122, 136
Veloroute 27

Walking Dinner 128,
Walluf 12, 17, 28, 29, 70, 71, 118,
134, 136
Wanderzentrum 72
Wartbergturm 30, 106
Weihnachtsmärkte 12, 153
Weinfest 144, 146
Weinmuseum Brömserburg
94
Weinprobierstände 68, 136
Weinverladekräne 28
Weißstörche 70
Westhofen 33
Wicker 17, 24
Wiesbaden 6, 17, 28, 36, 38, 44,
46, 52, 56, 58, 68, 70, 100, 118,
122, 126, 140, 152
Wiesbadener Schiffchen 44
Winzerpavillon 88
Wispertal-Lorchhausen 71
Wochenmärkte 12, 140
Worms 26, 27, 28, 33 42, 43,
60, 65, 72, 92, 93, 98, 99, 120,
129, 140, 150, 152,
Wörrstadt 40, 54, 110, 128, 129

Zauberhöhle 20
Zisterzienser-Abtei 104
Zisterzienserkloster Eberbach
4, 17
Zweites Deutsches Fernsehen
22

Auch Goethe fand ihn gut:
Blick vom Rochusberg.

Faszinierendes

Felsenland